나의 다정하고 무례한 엄마

이남옥 지음

나의
다정하고
무례한
엄마

라이프앤페이지
Life & Page

내 안의 깊은 곳,
엄마를 다시 만나러 갑니다.

엄마를 더 깊이 이해할 수 있는
나와 가족의 이야기

이 책은 모든 사람들에게 가장 중요한 사람인 '엄마'에 대해 이야기합니다. 인간은 누구나 엄마를 통해 이 세상에 왔습니다.

주목할 것은 엄마와의 관계는 가족체계의 구조와 변화 과정에 따라 그 의미와 특성이 달라집니다. 엄마가 엄마의 원가족에게서 받은 생물학적, 사회적 유산은 엄마의 현재 가족인 부부관계나 부모자녀관계에 영향을 미칩니다. 자녀가 계획된 자녀인지, 바라던 성별인지, 원하던 성격을 지녔는지, 몇 번째 자녀인지, 부모가 자녀를 보호하고 있는 형태인지, 아니면 부모가 자녀의 도움을 받고 있는지 등에 따라서도 광범위한 영향을 미치게 됩니다. 부모가 자신들의 문제를 스스로 해결할 능력이 없는 경우에는 자녀가 부모처럼 행동하기도 하며, 자녀들의 성격이 저마다 다르고 부모자녀 관계 역시 다르기 때문에 부모는 각각의 자녀들을 동등하게 대할 수 없기도 합니다.

이 책은 체계론적 가족치료 관점으로 엄마를 더 깊이 이해할 수 있는 방향을 제시합니다. 부모가 자녀의 지향과 안전, 안정 애착, 좋은 경험들, 상처의 극복, 자기 확신 등과 같은 기본 욕구를 충족 시켰는지에 따라 자녀는 잘 성장할 수도 있고, 그렇지 않을 수도 있습니다. 이런 자녀의 경험과 발달 과정은 뇌에 저장되어 뇌 구조에 깊이 각인됩니다. 트라우마 경험을 극복하고 보다 나은 미래를 열기 위해서는 가계도 분석과 가족 세우기를 중심으로 한, 체계론적 가족치료가 필요합니다.

저자인 이남옥 교수는 수십 년에 걸친 체계론적 가족치료 경험을 바탕으로 가족의 상처를 치유하는 매우 특별한 능력을 갖고 있습니다. 이 책이 독자들에게 자신과 가족, 엄마의 삶을 이해하고 더 풍요롭고 행복한 삶을 위한 소중한 자극제가 되길 기원합니다.

-페히타에서 봄을 맞으며

페터 카이저 Prof. Dr. Peter. Kaiser (독일페히타대학교 심리학 교수)

인간의 간절한 소망을
어루만지는 따뜻하고 깊은 시선

가족상담의 대가인 이남옥 교수가 '엄마와의 심리적 관계'를 집중적으로 다룬 책을 펴냈습니다. 저자는 지난 30년이 넘는 시간 동안 수많은 상담 경험을 통해 가족치료의 국내 최고 권위자로 불리고 있으며 독일, 중국 등 국외에서도 가족치료의 전문가로 인정받고 있습니다.

인간관계의 가장 기초적인 토대는 부모와 자녀, 남편과 아내로 이루어지는 가족관계에서 출발합니다. 가족은 가장 가깝고도 절실한 관계로 맺어졌기 때문에 그 안에는 사랑과 애정도 있지만 미움과 감동, 갈등과 섭섭함, 고마움과 분노, 두려움 등의 다양한 감정이 겹겹이 쌓여 있습니다. 그 감정들은 오랜 세월 얽히고설켜서 본의 아니게 서로에게 돌이킬 수 없는 아프고 슬픈 상처를 주고받기도 합니다.

가족 사이에서 일어나는 다양하고 표면적인 갈등 중에서도 미묘하고도 은밀한 갈등은 '엄마와의 관계'에서 일어납니다. 저자는 이 관계를 심리학적으로 살펴보고 친절하고 온기 가득한 목소리로 현실적인 가족치료 방안을 제시함으로써, 엄마가 준 상처와 갈등으로 괴로워하는 이들이 서로에게 쌓인 오해와 절망을 희망으로 변화시키고, 갈등과 분노를 이해와 배려의 방향으로 전환해갈 수 있도록 도와주고 있습니다.

언젠가 저자인 이남옥 교수가 저에게 "가족관계로 인한 갈등과 상처로 괴로워하던 가족들이, 여러 차례 상담을 하고 나서 다시 화해하고 화합하게 되는 순간을 보는 것이 저에게는 세상 그 무엇과도 바꿀 수 없는 보람이며 기쁨입니다"라고 직접 이야기한 적이 있습니다. 애정과 진심이 느껴지는 그 말을 들은 이후로, 저는 이남옥 교수를 대할 때마다 저자가 가진 특유의 부드러움과 따뜻함, 진솔함 등을 한층 더 깊이 느끼면서 이 분이야말로 생태적인 가족치료자라는 생각을 하게 되었습니다.

현재 우리나라는 격변하는 사회체제, 가족제도의 붕괴, 억압적인 교육풍토, IT가 압도하는 4차 산업혁명의 도래 등 걷잡을 수 없이 휘몰아치는 경제적, 정치적, 문화적, 사회적 변화의 한가운데에 놓여 있습니다. 변화의 소용돌이 속에서 전통적인 가족관계는 이미 표현이 불가능할 정도로 변했고 가족 간의 의식구조나 의사소통 채널은 각각 독립적으로 이루어져 정서적인 연대와 교류는 마치 먼 나라의 전설처럼 되어버렸습니다. 그러나 다행스럽고 신기한 일은 이런 변화의 흐름 속에서도 인간에게 깃든 참마음의 본질은 크게 달라지지 않았다는 것입니다. 아직도 우리 마음의 밑바탕에는 절대적인 진선미眞善美를 추구하려는 선한 의도가 자리 잡고 있으며 인간관계에서만 가능한, 아름다운 사랑을 갈망하고 음미하고자 하는 오염되지 않은 순수함이 있습니다. 무엇보다 행복한 가족관계에서 우러나오는 따뜻한 사랑을 염원하는 마음이 있다는 사실에 저는 안도합니다.

'엄마와 자녀의 관계'를 심리학적으로 고찰하고 가족치료자의 깊은 시선으로 치유의 과정을 함께하며 긍정적인 가족 구도를 만들기 위한 진지한 고민이 담긴 이 책을 읽으면서, 이러한 순수한 인간의 '마음'을 회복시키고자 노력하는 저자의 사려 깊은 배려를 느낄 수 있어서 참 좋았습니다. 저자 역시 딸을 가진 엄마이자 엄마를 둔 자녀로서 이 책을 대하는 마음이 남달랐을 것이라 생각됩니다. 더불어 독자들은 이 책을 통해 저자의 존재만으로도 많은 위로를 받을 수 있으리라 확신합니다.

우리 삶에 꼭 필요한, 좋은 책의 출간에 깊은 축하의 인사를 보냅니다.

– 가정의 달, 5월에

이혜성(한국상담대학원대학교 총장)

엄마의 존재가 새롭게 쓰인다

"저는 평생을 엄마를 미워하느라 저의 모든 에너지를 다 쓴 거 같아요. '엄마가 보고 싶다'는 말을 하는 사람을 보면 저는 전혀 공감이 되지 않아요.

엄마에게 사랑을 못 받아서일까. 저는 항상 자신감이 없고 두려움이 많았어요. 성인이 되면서는 공황장애까지 생겼어요. 제게 호감을 느끼는 이성이 다가오면 나 같이 별 볼일 없는 사람을 왜 좋아할까, 이해되지 않았어요. 저는 지금까지 나는 결코 행복해질 수 없을 것이라는 반갑지 않은 확신에 차서 살아왔던 것 같아요."

저를 찾아오는 내담자들에게서 듣는 엄마에 대한 기억들은 대부분 가슴 아프고 부정적인 색채로 채워져 있습니다. 상담을 하면 할수록 심리적 문제를 가지고 있는 내담자들의 핵심적인 갈등 요인 중 하나는 엄마와의 관계에서 어린 시절부터 부정적인 기억이 깊은 상처로 자리 잡고 있다는 것을 발견하게 됩니다. 또한 어린 시절 형성된 엄마와의 애착 관계에서 문제가 있는 경우에는 상담을 통한 심리치료 역시 쉽지 않음을 절감하곤 합니다.

저는 슬픔으로 얼룩진 그들의 삶에 희망이 내비칠 수 있도록 엄마와의 관계를 되짚어보고 싶었습니다. 원인 모를 분노와 두려움, 체념으로 자신의 소중한 삶을 더 이상 몰아세우지 않고, 온전하게 나 자신을 찾아서 내가 맺는 관계들이 평온하고 굳건해지는 방향을 알려주고 싶었습니다. 그러기 위해서는 '나의 엄마'를 다시 찾아가야 합니다. 엄마와의 상처는 어디에서 시작되었고 우리의 삶에서 어떤 모습으로 드러나는지, 그리고 그것을 극복하는 방법은 무엇인지를 깨닫고, 엄마와 나 사이의 적절한 거리와 깊이를 유지할 수 있어야 합니다.

엄마가 엄마답지 못할 때는 분명 엄마에게 내면적인 상처가 있습니다. 그런 엄마를 제대로 이해하고 나면 내 안의 상처도 이해되고 이를 벗어나는 계기를 마련할 수 있습니다. 단지 엄마이기에 이해해야 한다는 힘없는 조언이 아닌, 지속적이고 강력하게 나를 이해하고 엄마와 나의 관계를 돌아볼 수 있도록 책임감 있는 방법과 의미 있는 상담 경험들을 전하고 싶었습니다.

엄마라는 존재는 내가 힘들다고 해서 쉽게 떠날 수 없는, 한 인간에게 절대적이고 특수한 존재입니다. 그래서 단순한 관계가 아닌, 가족의 개념으로 이것을 이해해야 합니다. 대중에게 잘 알려지진 않았지만 수십 년의 세월이 지나도록 매번 저에게 통찰과 감동을 주는, 가족 세우기를 포함한 가족치료를 소개함으로써 엄마에 대한 새로운 시각을 갖게 하고, 내 안의 힘이 어디서 시작되었는지를 알려주고 싶었습니다. 그 힘을 통해 나와 내 가족 안에 숨겨져 있는 자원과 능력, 잠재력을 일깨울 수 있습니다.

이 책을 쓰면서 더 깊은 마음으로 제 어머니와의 관계를 돌아보았습니다. 저 역시 살면서 예상치 못한 어려움을 만나서 진로를 수정했던 적도, 하는 일에 대한 불안함으로 흔들렸던 적도 있습니다. 이때 어머니와의 기억을 떠올렸습니다. 어떤 상황이든 긍정의 요소를 찾아내셨던 어머니는 제게 살아갈 날들의 방향을 심어주셨습니다. 어머니는 저에게 항상 입버릇처럼, 자신에게 효도하고 싶으면 그저 행복한 삶을 살 것과 사회에 도움이 되는 일을 하면서 사는 모습을 보여 달라고 하셨습니다. 그래서인지 저는 세상 속에서 남들에게 도움이 되는 사람이 되기를 바라는 마음을 늘 품었던 것 같습니다.

완벽해 보이는 사람도, 남부러울 것 없어 보이는 가정도 그 속으로 가까이 들어가보면 저마다의 아픔이 있게 마련입니다. 저는 어머니를 통해 그 아픔의 이면에 자리 잡은 가치들을 눈여겨보게 되었습니다.

이 책에 나오는 에피소드들은 모두, 30년 넘게 상담을 하면서 만나게 된 이들의 이야기를 복합적으로 재구성하여 소개한 것입니다. 그 속에서 제가 느꼈던 참담한 슬픔과 인간에 대한 경이로움이 담긴 이야기들은 마음을 다해 그들과 소통한 삶의 기록이기도 합니다. 용기를 내어 자신의 슬픔과 상처를 마주하고 삶 속으로 발걸음을 내딛는 내담자들과 함께하면서 저 역시 깨달음을 얻었고, 그로 인해 저는 생의 의미를 다시 쓰게 되었습니다.

이 책이 만들어지는 데 라이프앤페이지 출판사와 배경란 대표는 많은 도움을 주셨습니다. 세심한 피드백과 함께 모든 에피소드에 애정을 기울인 끝에, 마음속에서만 잠겨 있던 이 책은 세상 밖으로 나올 수 있었습니다.

저의 모든 학문적인 지식은 페터 카이저 교수님에게 기초한 다고 해도 과언이 아닙니다. 교수님은 제가 가족심리학자가 되 고 가족치료 전문가로 자리매김할 수 있도록 많은 가르침을 주 셨습니다. 이 책에 써주신 추천의 글은 저에게 더없는 힘이 되 었습니다. 또한 제가 너무나 존경하고 닮고 싶은 한국상담대학 원대학교의 이혜성 총장님에게 진심으로 감사함을 전합니다. 바쁘신 가운데도, 애정을 담아 이 책의 원고를 다 읽어주셨고 따뜻하고 용기가 되는 말씀을 해주셔서 한 걸음 더 나아갈 수 있는 마음을 얻었습니다.

제게 가족은 인생의 성찰을 안겨주는 배움터이자 안식처입니 다. 저의 든든한 지지자인 남편과 존재만으로도 기쁨을 주는 딸 과 함께 충만한 삶을 살고 있으니 남편과 딸에게 감사합니다.

무엇보다 그 어떤 슬픔과 비통함에도 그 사람만이 가진 아름 다움에 눈을 뜨게 한 저의 어머니에게 깊은 감사의 말을 전합 니다.

이 책은 저에게는 또 하나의 성장입니다. 이 책을 쓰면서 떠오른 수많은 얼굴들이 있습니다. 그 마음을 하나 하나 새겨 봅니다. 엄마라는 이름 앞에서 한없이 작아지고 흔들리는 사 람들, 그들의 상처가 아물고 새살이 돋아나는 데 이 책이 힘

이 될 수 있기를, 그래서 상처와 두려움 때문에 잠시 밀어두었
던 엄마와 꼭 다시 만날 수 있게 되기를 간절한 바람을 더해봅
니다.

-초록의 생명력을 느끼며

이남옥

Contents

1
부

관계의 시작,
엄마를 찾아갑니다

인간이 가진 아름다움 · 엄마라는 이름으로 · 내 삶의 출발점,
엄마 · 아이가 받아들이는 세 가지 신호 · 세상을 바라보는 시
선 · 엄마가 주는 사랑, 아이가 원하는 사랑 · 관계의 그림자,
내 안에 숨은 엄마

3
부

뿌리 깊은 자존감의 힘,
가족 심리 테라피

4
부

엄마와 나,
달라진 우리의 시간

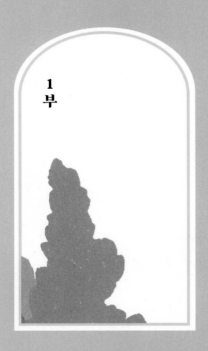

1
부

관계의 시작,
엄마를 찾아갑니다

내 안에
숨은 엄마를
만났습니다

인간이 가진
아름다움

    오랜 기간 상담을 하면서 인간이 선사하는 경이로움에 놀라게 됩니다. 고통을 가눌 길이 없어 근심으로 얼룩진 얼굴로 처음 상담실의 문을 열고 들어왔던 이가 상담을 진행하면서 자신이 겪은 상황을 제대로 직면하고, 나 자신과 상대방을 이해하게 되면 점차 따뜻한 기운이 얼굴에 번져갑니다. 마른 눈동자에 점점 생기가 돌고 또렷한 희망의 빛을 내보입니다. 내담자의 깊은 상처를 들여다보면서 마음이 데일 듯 아려오지만 그 과정을 끝내 이겨내는 강한 회복력을 보면서 상처 이면의 인간의 위대한 아름다움도 발견하게 되었습니다.

나의 다정하고 무례한 엄마

상담은 절대적인 가해자도, 절대적인 피해자도 없다는 것을 일깨워주는 과정입니다. 또한 나는 무력한 존재가 아니며, 내가 가진 영향력이 생각 이상으로 크다는 것을 인지시켜줍니다. 나는 더 이상 아무것도 할 수 없는 존재가 아니라, 내 의식의 변화로 삶에서 많은 것이 달라질 수 있다는 기대를 갖게 하고, 지금껏 웅크리고 있던 내면과의 화해를 할 수 있도록 도와줍니다.

'내 잘못이 아니었구나. 상황이 그랬구나. 내가 못나서, 내가 미워서 그런 게 아니구나.'

더 이상 분노할 필요도 없고, 더 이상 슬픔 속에 묻혀 살 필요도 없다는 것을 알게 되면 인간은 단단한 내면의 회복력을 만들어갑니다.

또한 상담은 내 안의 아름다움과 잠재력을 찾아가는 과정이기도 합니다. 상처투성이의 과거를 안고 절망하던 사람이 있었습니다. 상처로 뒤덮인 기억은 몸과 마음을 황폐하게 만들었지만 분노를 토해내고 과거 기억을 찬찬히 되돌리니, 어린 시절 부모로부터 사랑받았던 기억이 올라왔습니다. 긍정의 에피소드가 마음속에 각인되고 이해와 용서의 마음이 생기자 상담 회기가 거듭될수록 변화하는 모습이 보였습니다.

이런 일들은 수없이 일어납니다. 그동안 상처에 둘러싸여 발견하지 못한 자신의 가치가 마음으로 이해되고 온몸에 채워지면 세상을 향한 관점이 달라집니다. 그래서 상담은 저에게 많은 감동을 줍니다. 그런 경험을 통해 '상담의 가장 중요한 덕목'은 상담자와 내담자와의 관계에서 신뢰가 있어야 된다는 것을 깨닫게 되었습니다. 우선 상담자부터 그런 마음이어야 합니다. 내담자가 어떤 문제를 가지고 와도 '저건 상처가 만들어낸 거야. 저 안을 들여다보면 저 사람만이 갖고 있는 아름다움, 가능성, 힘, 저 사람만의 무언가가 있을 거야'라는 믿음을 갖고 있어야 합니다.

엄마라는 이름으로

수만 건의 상담을 진행하며 상담은 저에게 많은 깨달음을 주었지만 그중에서도 엄마의 존재를 다시 떠올리게 해주었습니다. 내담자들에게 공통적으로 폐부가 찔리듯, 마음을 파고드는 존재는 '엄마'임을 알게 되었기 때문입니다. 격렬한 부부 싸움으로 찾아온 내담자든, 자녀와의 갈등으로 고민하는 내담자든, 끊임없는 자살 충동에 시달리는 깊은 병증의 내담자든 그 기저의 중심에는 엄마가 자리하고 있었습니다. 도무지 진행되지 않는 상담에 답답함을 느끼다가 엉망으로 엉켜 있는 실타래 속에 엄마의 존재가 숨어 있는 것을 발견하기도 했습니다. 심리학을 오랫동안 공부하면서 인간 내면에서 엄마의 중요성이 크다는 것은 머리로 인지하고 있었지만 실제로 수많은 내담자를 상담하면서 이 '엄마'라는 심리적 문제가 해결되지 않으면 끝내 인간의 삶은 완전해질 수 없다는 것을 절절히 깨닫게 되었습니다.

사람의 마음에는 '엄마'라는 표상이 자리합니다. 이 표상이 제대로 자리를 잡고 적절한 관계를 맺으면 심리적 뿌리가 흔들림이 없습니다. 그만큼 모든 관계의 열쇠는 엄마라는 존재가 쥐고 있습니다. 인간의 가장 근본적인 심리적 자원이 엄마에게서 출발하는 것이죠.

엄마를 통해 어떤 상황에도 '내가 어떤 사람인데. 나 이렇게 쉽게 무너지지 않아' 하면서 자신을 아주 든든하게 지켜주는 심리적인 지원군을 갖게 되는 것입니다. 자신을 지켜주는 엄마를 통해 형성된 관계는 앞으로 자녀가 인생을 살아가며 맺는 모든 관계 형성의 근간이 됩니다. 바로 '스키마Schema'를 형성하는 것이죠. 스키마는 '인간의 기억 속에 저장된 지식'을 뜻합니다.

상담을 진행하는 과정에서도 엄마의 존재는 깊게 드리워져 있습니다. 세상에 태어나서 관계의 믿음을 형성하게 하는 최초의 존재인 엄마. 이 엄마의 존재로 인해 관계에 대한 근본적인 신뢰감을 갖게 되는데, 관계에 대한 믿음이 있으면 상담을 하러 와서도 상담자를 믿으면 '좋은 결과가 나타나겠지' 하고 상담 과정을 따라오게 됩니다. 상담을 하면서도 상황 속에 깊게 몰입하여 이 과정에 흠뻑 취해서 돌아가는 긍정적인 효과를 불러옵니다. 하지만 관계가 불신으로 이루어진 사람은 자신을 드러내놓고 상담을 따라올 수 없고 끊임없이 상담에 대해 의심합니다. 결국 이것은 상담의 장애 요인으로 걸리면서 상담 과정에 실망을 하게 되고, 상담자에게 "당신도 우리 엄마랑 똑같군요" 하면서 가버립니다. 당연히 상담 결과도 좋지 않습니다. 애착관계에서 맺어진 손상이 깊어 머릿속 트라우마로 각인된 경우는 상담을 진행하는 것이 매우 어렵습니다. 하지만 '엄마'라는 존재를 다시 수면 위로 올리고 과거 기억을 재배열하는 과정은 무척 중요한 작업입니다.

🌷 내 삶의 출발점,
엄마

　아들의 감정을 이해하지 못하는 한 엄마가 있었습니다. 엄마의 입장에서는 아들이 미성숙하게 감정을 지나치게 호소한다고 생각하는 것 같았습니다. 엄마는 아들의 아픔을 전혀 공감하지 못했고 아들이 요구하는 애정을 채워주지 못하는 상태였습니다.

　특히 아들이 엄마에게 화가 나는 지점은 "엄마, 나 이래서 화났어" 하면 엄마가 "그래, 미안해" 하면서 대화가 단절되는 것이었습니다. 아들은 '이게 다가 아닌데' 말문이 막혀버립니다. "힘들었구나. 그런데 내가 더 힘들었어" 하고 엄마의 사과 같지 않은 사과가 상황을 더 악화시켰습니다.

　엄마는 '나는 보살핌 없이도 씩씩하게 잘 살아왔는데. 애가 왜 이래' 하고 전혀 아들의 감정을 이해하려 하지 않았습니다. 아들은 그런 엄마를 알기에 성장하면서는 '착한 모범생 아들'로 엄마의 말에 순응하며 자랐습니다. 하지만 대학을 졸업하고 사회적으로 자립할 시기가 되자, 그동안 쌓아온 것이 폭발하면서 부모와 갈등을 만들어냈습니다. 방임과 방치 사이에서 어린 시절에 받은 상처를 쏟아내지만 돌아오는 엄마의 말은 "저는 한다고 했어요. 그런데 애가 도대체 왜 자꾸 이러는지 잘 모르겠어요"였습니다.

실제로 그랬을 것입니다. 엄마의 입장에서는 한다고 했지만 이 엄마는 자라면서 받은 것이 없어서 어떻게 자녀에게 사랑을 주어야 할지 모릅니다. 어떻게 자녀를 사랑으로 품어주어야 할지 감이 없는 것입니다. 이럴 때는 엄마의 성장 과정에서 형성된 애착관계를 살펴보아야 합니다.

'애착 이론'은 엄마와의 관계를 설명하는 매우 중요한 이론입니다. 애착 이론을 처음 이야기한 정신분석가이자 정신과 의사인 존 볼비John Bowlby는 엄마와 자녀 간의 관계 형성을 생물학적으로 인간의 본능적인 행동으로 보았습니다.

인간이 태어나서 최초로 관계 경험을 하는 존재가 엄마입니다. 아버지와 자녀, 어머니와 자녀와의 관계는 근본적으로 전혀 다른 관계입니다. 자녀는 엄마와 더 가깝다는 생각을 무의식적으로 하게 되는데, 이 관계는 생존에 필요한 관계이기 때문입니다.

인간은 처음 태어날 때 너무나 무기력하게 태어납니다. 생존을 위해 아무것도 할 수 있는 것이 없죠. 0세에서 돌 무렵까지 걷지도 못하고 그 후로도 상당 기간, 자기 생존을 위한 능력을 획득하지 못합니다. 자립까지 많은 시간이 걸리는 존재입니다.

그래서 아이는 태어났을 때 살아남기 위해 엄마와 관계를 맺습니다. 아이가 자신의 욕구를 울음으로 표현했을 때 엄마는 이를 즉각적으로 파악하고 적절하게 대응합니다. 그래서 애착관계는 본능적인 관계입니다. 애착관계를 형성할 때 적절하게 욕구가 충족된 아이는 타인과 환경에 대해 긍정적인 개념을 갖습니다.

이 시기에 정말 좋은 애착관계를 맺어 보살핌을 받으면 안정 애착이 이루어집니다. 애착 대상인 엄마가 아이를 바라보고 아이가 원하는 것을 제때 공급해주며, 생존을 위해 무엇이 필요한가를 민감하게 알아줍니다. 이때 아이가 할 수 있는 신호는 울음에 불과하지만 엄마는 아이에게 지금 이것이 필요하구나, 알아채고 반응하는 것이죠. 아픈지 배고픈지 기저귀가 불편한지 아는 것입니다. 물론 아빠도 그 역할을 할 수 있습니다. 하지만 대체적으로 생존과 발달 측면에서 더 밀접하게 관계를 맺고 있는 엄마들이 더 본능적인 자원과 능력이 있는 것이죠.

아이가 받아들이는
세 가지 신호

아이가 울어서 자신이 원하는 것이 채워지면 아이는 이것을 통해 세 가지 신호를 받아들입니다. 세 가지 스키마를 형성하는 것입니다.

첫째는 '아, 누군가가 있구나' 하고 바로 타인에 대한 상을 형성합니다. '타인은 나에게 굉장히 협조적이구나'라고 생각합니다. 내가 필요로 하는 것을 다 제공해주는 타인과 환경에 대해 '참 괜찮은 존재구나' 하고 타인에 대한 긍정적인 상이 생기는 것입니다. 두 번째는 나에 대한 상이 생깁니다. 나 스스로가 굉장히 강력한 존재처럼 느껴집니다. '나는 응애, 우는 소리 하나로도 세상을 움직이는구나' 하고, 할 줄 아는 게 아무것도 없는 아이지만 나에 대한 자존감이 아주 튼튼해집니다. 유능한 느낌이 드는 것입니다. 마지막 세 번째는 관계에 대한 상이 생깁니다. '너와 내가 맺는 관계가 참 좋은 것이구나' '관계는 이렇게 쾌적하고 좋은 것이구나' '나도 있고 너도 있고 우리는 좋은 관계를 만들 수 있구나' 이런 긍정적인 관계의 상이 생기는 것입니다. 이것이 안정 애착이 이루어지는 과정입니다. 이렇게 안정 애착을 형성한 아이는 성장하면서 자신감을 갖고 세상 밖으로 발을 디디면서 이런저런 도전을 하게 됩니다. 그렇게 아이가 다른 환경과 관계를 맺을 수 있도록 부모는 점차 하나의 인격체로 아이를 독립시켜나갑니다.

불안정 애착은 이것이 형성되지 않은 것입니다. 불안정 애착이 된 경우는 세 가지로 나눕니다. 첫째는 엄마가 사랑을 주지 않은 회피적 애착, 두 번째는 엄마의 사랑이 일관적이지 않아 애증처럼 되어 있는 양가적 저항 애착입니다. 마지막은 극심한 학대가 낳은 혼란형 애착입니다.

회피적 애착은 아예 엄마가 아이를 돌보지 않은 것입니다. 아이가 목 놓아 울어도 엄마는 반응을 하지 않습니다. 엄마가 부재하거나 아팠거나 사랑을 줄 수 없거나, 어떤 이유에서든 아이를 방치하고 방임한 것입니다. 이때 아이는 이런 스키마를 형성합니다.

'아, 세상은 나에게 협조적이지 않구나.'
'세상은 믿을 만한 게 아니구나.'
'이 세상에 나 이외에는 아무도 없구나.'
'나는 누구한테도 관심받지 못하기 때문에 살아남으려면 내가 나를 보살펴야 하는구나.'

이런 아이들은 관계의 경험이 없기 때문에 관계 자체를 맺지 않습니다. 혼자 알아서 생존하고 살아갑니다. '내가 알아서 해야지. 남이 나를 위해서 뭘 해주겠어' 하면서 절대로 남을 신뢰하지 않습니다. 인생은 혼자서 살아가야 된다는 마음이 뿌리 깊게 박혀 있습니다. 그렇게 되면 관계를 만들 수 없고 외로운 사람이 됩니다. 이 유형의 사람들은 상담에 와서도 엄마 아빠에 대해 결코 나쁘게 이야기하지 않습니다. "부모님은 훌륭하고 좋은 분이셨어요" 하면서 더 이상 마음을 열지 않습니다.

양가적 저항 애착은 사람을 정말 피 말리게 합니다. 엄마가 사랑과 보살핌을 주기는 주되, 아이가 필요할 때 준 게 아니라 엄마가 내킬 때 준 것입니다. 아이들이 울 때 어떨 때는 충족되지만 어떨 때는 아무리 목 놓아 울어도 오는 게 없습니다. 그러면 아이는 어떻게 하면 사랑을 받을 수 있을까 하고 계속 징징대는 아이가 됩니다.

혼란형 애착은 아이가 도저히 한 인간으로 성장할 수 없을 만큼 학대가 심했던 경우입니다. 혼란형은 엄청난 폭력과 억압으로 발생한 사례가 많습니다. 이때 발생한 심각한 트라우마로 인해 마음에 커다란 문제를 가진 아이로 자라는 경우가 많습니다. 매우 가슴 아픈 경우입니다.

이렇게 엄마와의 관계는 아이가 세상을 살아가면서 맺는 관계의 기초가 됩니다. 평생을 이어가는 근본적인 힘이기도 하고, 한 가정을 이루고 자녀를 낳고 기르면서 자녀와 나 사이에서 반복되는 관계 패턴이기도 합니다. 그래서 관계의 어려움을 겪고 있을 때, 애착관계를 눈여겨보아야 하는 것도 이런 이유 때문입니다.

애착 이론 실험

✛ ✛ ✛

　애착관계에 대한 유명한 실험이 있습니다. 볼비에 이어 애착 이론 연구를 발전시킨 메리 아인스워스Mary Ainsworth는 낯선 상황Strange Situation 테스트를 통해 아동의 애착 행동을 연구했습니다. 연구자는 실험 상황을 만들어서 관찰을 하고, 그 결과를 토대로 유형을 분류했습니다.

8분짜리 실험은 이렇게 진행됩니다. 작은 방에 엄마와 생후 12개월 아이를 함께 둡니다. 그러다가 2분 뒤에 낯선 사람이 들어옵니다. 낯선 사람이 들어오면 엄마는 이내 방을 나갑니다. 낯선 사람이 남고 엄마가 나가게 되면 아이는 엄마와 떨어지는 상황이 되는 것이죠. 그렇게 낯선 사람과 남아 있다가 2~3분이 지나면 엄마가 다시 돌아옵니다. 그러면 이때, 아이 행동에 대한 관찰이 필요한 상황은 세 가지입니다.

첫째, 엄마와 아이가 있다가 엄마가 나갔을 때, 둘째, 낯선 사람과 아이가 둘만 남았을 때, 셋째는 엄마와 아이가 재회하는 상황입니다. 아이들의 행동이 여기서 확연하게 달라지는 것을 볼 수 있었습니다. 이러한 각각의 상황에서 아이가 하는 행동을 통해, 아이의 애착 행동을 안정 애착, 불안정 회피적 애착, 불안정 양가적 저항 애착의 세 가지 범주로 분류할 수 있었습니다.

첫째, 안정 애착 유형의 아이는 엄마가 떠났을 때 약간의 스트레스를 보이다가 엄마가 다시 돌아왔을 때 기뻐하며 위로를 받고 이내 놀이행동으로 돌아갔습니다. 이런 유형의 아이는 자신의 욕구에 대해 엄마의 적절한 대처를 경험하면서 안정 애착관계를 형성하게 되며 자신에 대해 소중한 사람, 사랑받는 사람, 좋은 대상, 믿을 만한 대상 등의 개념을 형성하게 됩니다. 이로써 아이는 편안하고 신뢰하는 관계 모델을 형성합니다.

둘째는 불안정 회피적 애착 유형의 아이로 엄마가 간다고 해도 반응하지 않습니다. 엄마가 가든지 말든지 그다지 상관하지 않습니다. 엄마가 나간 상태에서도 놀이 환경을 활용하지도 않고 구석에 웅크려 있습니다. 주변 환경에 무관심하고 엄마가 되돌아왔을 때 적극적으로 회피하거나 무시합니다. 엄마가 늘 떠나 있다고 생각하니 자기 나름의 생존과 보호를 위한 방어 기제를 보이는 것입니다. 이런 유형의 아이는 타인을 신뢰하지 않습니다. 애착대상인 엄마가 자신의 욕구를 외면했기 때문에 타인에 대해서도 어떠한 기대를 하지 않습니다. 자신은 사랑받지 못한 존재이며 신뢰할 만한 관계가 없다는 부정적 관계 개념을 형성하게 됩니다.

셋째, 불안정 양가적 저항 애착 유형의 아이는 엄마가 방을 떠나면 심하게 화를 내거나 울면서 불안해합니다. 놀이 환경을 활용하지 못하고 겉돕니다. 그러다가 엄마가 돌아왔는데도 여전히 불편해하고 엄마에게 화를 내며 저항하면서 온갖 짜증을 냅니다. 그러면서도 동시에 접촉에 대한 욕구를 표현합니다. 이 유형의 아이는 엄마와 일관

성 없는 상호작용을 경험하면서 자신은 사랑받지 못하며 타인은 자신에게 잘해줄 때도 있고 그렇지 않을 때도 있다고 생각하여 늘 불안하고 타인은 믿을 수 없다는 개념을 형성하게 됩니다. 타인과의 관계는 좋을 수도 있지만 언제 바뀔지 모르는, 믿을 수 없고 불안한 것으로 받아들입니다.

이후 아인스워스는 세 가지 유형에서 불안정 혼란형 애착 유형의 특징을 추가했는데 이 애착 유형의 아이는 어깨를 구부리거나 손을 목 뒤로 놓는다든가, 머리를 세게 구부리는 등의 강렬한 움직임을 나타냈습니다. 이런 움직임은 스트레스를 의미하는데 이러한 행동을 낯선 상황 내내 보였던 것이죠.

이 아이들이 이후에 어떻게 성장했는가에 대한 추적 검사를 했습니다. '학업, 친구관계, 이성관계, 배우자, 결혼생활은 어떤가' 하고 말이죠. 아이를 낳으면 자녀와의 관계는 어떤지에 대한 조사도 함께 이루어졌습니다.

결과를 살펴보니, 안정 애착 유형의 아이들은 대체적으로 편안한 상태로 성장합니다. 원만하게 친구관계를 맺고 유연하게 인생을 살아갑니다. 세상은 나에게 호의적이기 때문에 긍정적으로 모든 것을 받아들입니다. 결혼도 마찬가지입니다. 자신과 비슷한 안정 애착을 맺은 사람과 결혼하여 좋은 애착 대상자가 되고, 좋은 부모가 됩니다. 자연스러운 선순환이 이루어집니다. 하지만 불안정 양가적 저항 애착 유형의 아이들은 불안정하고 짜증이 많은 경향을 보였습니다. 덩달아 결혼생활도 원만치 않았습니다. 부정적인 색깔로 세상을 바라보기 때문입니다. 아이와의 관계도 마찬가지였습니다. 불안정 회피적 애착 유형의 아이들은 남들과 좀처럼 관계를 맺지 않아서 외로운 삶을 사는 경우가 많았습니다.

하지만 그렇다고 해서 모든 경우가 똑같은 패턴의 삶을 유지했던 것은 아닙니다. 다양한 삶의 변수가 있기 때문입니다. 여기에 시사점이 있습니다. 자신의 상황을 인지하고 이를 개선하려는 노력을 기울일 때 삶은 또 다르게 변화할 수 있습니다.

🌸 세상을 바라보는 시선

독특한 것은 애착 유형에 따라 과거의 기억을 떠올리는 방법도 달라집니다.

임신한 엄마들을 대상으로 자신의 자녀를 어떻게 키우는가를 살펴보고 과거 기억을 조사해보았습니다.

우선 다양한 형용사들이 적힌 카드를 쭉 늘어놓습니다. 그러고는 이렇게 질문을 던집니다.

> "당신의 어린 시절을 떠올렸을 때 연상되는 형용사를 5개만 선택하세요."

그렇게 5개의 형용사를 선택하게 하고, 그 형용사를 활용해서 자신의 어린 시절을 설명하게 합니다.

기억에 따라 고른 '신난다' '즐겁다' '짜증난다' '우울하다' '외롭다' 등의 형용사를 통해 자신의 어린 시절을 설명하게 되면 과거 기억에 대한 색이 그려집니다.

이때 긍정적인 이야기를 많이 하는 사람도 있고, 부정적인 이야기를 주로 하는 사람도 있습니다. 그런데 살펴보니 안정 애착을 가진 사람이 긍정적인 에피소드만 이야기하지 않는다는 것을 알 수 있었습니다. 긍정적인 이야기도 하지만 자연스럽게 부정적인 이야기도 합니다. 지극히 자연스러운 과정입니다. 안정 애착인 사람 역시도 성장하면서 화가 나기도 하고, 불안하거나 억울한 감정이 있습니다. 그런데 이상하게 그 이야기를 들어보니 아주 침울하고 답답한 것이 아니라 약간의 웃음이 나오는 그런 색깔이 그려집니다.

한 예로 어렸을 때 엄마의 심부름을 하면서 느꼈던 감정을 이야기하는 에피소드가 나왔습니다. 어느 날 물건을 사고 거스름돈이 생겼는데 거스름돈을 엄마가 신경 쓰지 않자, 그 돈을 몰래 챙겨 나와서 맛있는 과자를 사먹었습니다. 그러다가 결국 이 사실을 엄마에게 걸리고 말았습니다. 그때 엄마가 "너 거짓말했지? 혼나야겠다" 하면서 집 앞 마당에서 벌을 서고 맞았는데, 맞아서 속상한 것보다 마당에서 엄마에게 맞는 장면을 아이들이 집 앞을 지나가면서 보게 된 것이 너무 창피하고 속상해서 잊을 수 없다는 이야기를 했습니다.

> "제가 얼마나 창피했는데요. 지금도 엄마한테 가끔 그 일에 대해 이야기해요. 엄마도 미안해하시더라고요. 이젠 웃으면서 이야기하지만요."

나의 다정하고 무례한 엄마

이 이야기 안에는 두 가지 요소가 들어 있습니다. 바로 용서와 유머입니다. '아, 그런 적이 있었지' 하면서 부정적인 에피소드일지라도 안정 애착이 담겨 있습니다. 상대방에 대한 신뢰가 있고 나에 대한 수용, 관계에 대한 회복이 있습니다. 긍정적인 것과 부정적인 것이 자연스럽게 어우러진 것이 건강한 관계입니다.

그런데 회피적 애착 유형은 오로지 긍정적인 이야기만 합니다. "엄마는 정말 훌륭한 분입니다. 엄마는 자녀들에게 희생만 한 좋은 분입니다" 이렇게 말하는 유형의 사람들은 시종일관 단편적이고 언어적인 기억에서만 이야기가 나오고 구체적인 심상과 그림의 기억이 없습니다. 체험과 경험이 없는 것입니다. 긍정적인 이야기만 나온다고 해서 안정 애착이 아닙니다. 언어적인 정보와 구체적인 심상 정보를 구분해야 하는 것이죠.

부정적인 이야기를 많이 하는 경우는 양가적 저항 애착 유형에서 주로 볼 수 있습니다. 열 살이라는 어린 나이에 식모살이를 간 내담자가 있었습니다. 남의 집 살이를 하면서 설움도 많았습니다. 그때의 기억은 큰 상처로 남았고, 줄곧 엄마에 대해 부정적인 이야기만 쏟아냈습니다. 특히 잊히지 않는 기억이 있다고 했습니다. 어느 날은 엄마가 너무 그리워서 먼 길을 헤쳐 집에 갔습니다. 논두렁에 굴러 몸에 상처를 입기도 하면서 그

먼 길을 찾아갔는데 엄마가 아이를 보고 한 첫마디는 "돈 가지고 왔니?"였다고 합니다. 그 이야기를 하면서 그녀는 주체할 수 없는 눈물을 쏟아냈습니다.

들어보면 부정적인 기억밖에 없습니다. 그런데 상처받은 이야기, 서러워서 가슴이 아픈 이야기를 하면서도 부모를 떠나지 않습니다. '보지 않고 각자 살자. 그래, 내 인생 살자' 할 수도 있는데 절대로 부모를 떠나지 않습니다. 이것은 인식하지 못하지만 어떨 때는 간혹이라도 부모의 사랑을 받았기 때문입니다. 무의식 어딘가에 따뜻하고 보드라운 엄마의 살결이 닿은 기억이 있는 것입니다. 하지만 엄마의 마음이 내킬 때, 엄마의 상황이 될 때 사랑을 준 것이기 때문에 자녀의 마음은 결핍이 생긴 채 이러지도 저러지도 못하는 관계를 형성한 것입니다.

성인 애착 유형 테스트

✧ ✧ ✧

어른이 된 나의 애착 유형은 어떤 모습을 하고 있을까요? 다음과 같은 표에서 자신에게 해당하는 상황을 체크해보면서 이를 알아보도록 합니다.

	문항	전혀 그렇지 않다	그렇지 않다	보통 정도 이다	대체로 그렇다	매우 그렇다
1	내가 얼마나 호감을 가지고 있는지 상대방에게 보이고 싶지 않다	1	2	3	4	5
2	나는 버림을 받는 것에 대해 걱정하는 편이다	1	2	3	4	5
3	나는 다른 사람과 가까워지는 것이 매우 편안하다	1	2	3	4	5
4	나는 다른 사람과의 관계에 대해 많이 걱정하는 편이다	1	2	3	4	5

5	상대방이 막 나와 친해지려고 할 때 꺼려 하는 나를 발견한다	1	2	3	4	5
6	내가 다른 사람에게 관심을 가지는 만큼 그들이 나에게 관심을 가지지 않을까 봐 걱정이다	1	2	3	4	5
7	나는 다른 사람이 나와 매우 가까워지려 할 때 불편하다	1	2	3	4	5
8	나는 나와 친한 사람을 잃을까 봐 꽤 걱정이 된다	1	2	3	4	5
9	나는 다른 사람에게 마음을 여는 것이 편안하지 못하다	1	2	3	4	5
10	나는 종종 내가 상대방에게 호의를 보이는 만큼 상대방도 그렇게 해주기를 바란다	1	2	3	4	5
11	나는 상대방과 가까워지기를 원하지만 나는 생각을 바꾸어 그만둔다	1	2	3	4	5
12	나는 상대방과 하나가 되길 원하기 때문에 사람들이 때때로 나에게서 멀어진다	1	2	3	4	5
13	나는 다른 사람이 나와 너무 가까워졌을 때 예민해진다	1	2	3	4	5
14	나는 혼자 남겨질까 봐 걱정이다	1	2	3	4	5
15	나는 다른 사람에게 내 생각과 감정을 이야기하는 것이 편안하다	1	2	3	4	5

16	지나치게 친밀해지고자 하는 욕심 때문에 사람들이 두려워하여 나에게 거리를 둔다	1	2	3	4	5
17	나는 상대방과 너무 가까워지는 것을 피하려고 한다	1	2	3	4	5
18	나는 상대방으로부터 사랑받고 있다는 것을 자주 확인받고 싶어 한다	1	2	3	4	5
19	나는 다른 사람과 가까워지는 것이 비교적 쉽다	1	2	3	4	5
20	가끔 다른 사람에게 더 많은 애정과 더 많은 헌신을 보여줄 것을 강요한다고 느낀다	1	2	3	4	5
21	나는 다른 사람에게 의지하기가 어렵다	1	2	3	4	5
22	나는 버림받는 것에 대해 때때로 걱정하지 않는다	1	2	3	4	5
23	나는 다른 사람과 너무 가까워지는 것을 좋아하지 않는다	1	2	3	4	5
24	만약 상대방이 나에게 관심을 보이지 않는다면 나는 화가 난다	1	2	3	4	5
25	나는 상대방에게 모든 것을 이야기한다	1	2	3	4	5
26	상대방이 내가 원하는 만큼 가까워지는 것을 원치 않음을 안다	1	2	3	4	5

27	나는 대개 다른 사람에게 내 문제와 고민을 상의한다	1	2	3	4	5
28	나는 다른 사람과 교류가 없을 때 다소 걱정스럽고 불안하다	1	2	3	4	5
29	다른 사람에게 의지하는 것이 편안하다	1	2	3	4	5
30	상대방이 내가 원하는 만큼 가까이에 있지 않을 때 실망하게 된다	1	2	3	4	5
31	나는 상대방에게 위로, 조언, 또는 도움을 청하지 못한다	1	2	3	4	5
32	내가 필요로 할 때 상대방이 거절한다면 실망하게 된다	1	2	3	4	5
33	내가 필요로 할 때 상대방에게 의지한다면 도움이 된다	1	2	3	4	5
34	상대방이 나에게 불만을 나타낼 때 나 자신이 정말 형편없게 느껴진다	1	2	3	4	5
35	나는 위로와 확신을 비롯한 많은 일들을 상대방에게 의지한다	1	2	3	4	5
36	상대방이 나를 떠나서 많은 시간을 보냈을 때 나는 불쾌하다	1	2	3	4	5

각 항목의 점수를 홀수, 짝수 문항끼리 각각 합산합니다.
이때 3,15,19,22,25,27,29,31,33번 문항은 반드시 (1점->5
점, 2점->4점, 4점->2점, 5점->1점)으로 계산(역채점) 후, 합
산을 해주세요.

안정 애착	회피 점수(홀수) 42미만 불안 점수(짝수) 47미만
불안정 양가적 저항 애착	회피 점수 42미만, 불안 점수 47이상
불안정 회피적 애착	회피 점수 42이상, 불안 점수 47미만
불안정 혼란형 애착	회피 점수 42이상, 불안 점수 47이상

유아기 때 양육자와 형성된 애착의 질은 전 생애에 걸쳐
타인과 친밀한 관계를 형성하는 데 영향을 미칩니다. 어
린아이들이 부모와의 상호작용을 통해 내적 작동모델을
발달시키기 때문입니다.

1. 안정 애착

나는 비교적 쉽게 다른 사람들과 정서적으로 가까워지는 편이다.
내가 남들에게 의지하든 남들이 나에게 의지하든, 나는 혼자서 지

내거나 남들이 나를 받아들이지 않는다고 해서 걱정하지 않는다.

2. 불안정 회피적 애착

나는 사람들과 정서적으로 가까운 관계를 맺지 않는 것이 편하다. 나는 남들에게 의지하거나 남들이 나에게 의지하는 것을 좋아하지 않는다.

3. 불안정 양가적 저항 애착

나는 남들과 정서적으로 완전히 친밀해지기를 원하지만, 남들은 내가 원하는 것만큼 가까워지려고 하지 않는 것 같다. 나는 누군가와 친밀한 관계를 맺어야 안심이 된다.

4. 불안정 혼란형 애착

남들을 신뢰하고 관계를 유지할 수 없다. 상처가 두렵다.

* 성인 애착 유형은 정확한 진단 형식이 아닌, 인터뷰 또는 자기보고 형식으로 애착 유형을 측정합니다. 본 테스트는 전반적인 유형을 가늠하는 데 참고할 수 있습니다.

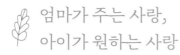

엄마가 주는 사랑,
아이가 원하는 사랑

불안정 애착 중에서 양가적 저항 애착 형태의 부모 유형을 주목할 필요가 있습니다. 자신의 애착 유형이 세대를 이어 영향을 주기 때문입니다. 이런 애착관계를 맺은 사람은 자신도 모르게 불안정 애착 패턴을 자신의 아이에게 반복합니다.

다시 성인 애착 인터뷰를 살펴보겠습니다. 엄마들을 대상으로 한 성인 애착 인터뷰에서 안정 애착과 불안정 애착의 두 가지 유형의 엄마들을 면밀히 들여다보기로 했습니다.

두 엄마 모두 임신에서부터 출산까지 아이에 대한 사랑이 가득한 엄마였습니다. 워킹맘이었던 이 두 엄마는 아이가 돌이 되기 전 복직을 하게 되었습니다. 아직 어린 아이를 두고 복직하면서 심경이 복잡하였을 것입니다. 관찰자는 퇴근하고 집에 돌아오면서 아이와 재회하는 두 엄마의 모습을 지켜보기로 했습니다. 과연 그 모습은 어땠을까요?

첫 번째 안정 애착 유형의 엄마가 반갑게 아이와 재회합니다. 아이 역시도 엄마 품에 안겨 반가워합니다. 그렇게 실컷 안겨 있다가 아이가 엄마 품에서 빠져 나오려고 합니다. 그러면 엄마는 서운하지만 아이를 놓아줍니다. 그럼 아이는 엄마 품에서 빠져나와 장난감을 가지고 즐겁게 놉니다. 이 모든 과정이 자연스럽게 이어집니다.

두 번째 불안정 애착 유형의 엄마를 지켜보겠습니다. 이 엄마 역시 재회할 때 너무나 환하게 아이를 반겨주며 안아줍니다. 그런데 아이가 엄마 품에 나가려고 할 때 아이를 놓아주지 않습니다. 그러면서 이렇게 말을 합니다.

"너는 엄마 마음을 왜 이렇게 모르니? 엄마가 하루 종일 얼마나 보고 싶었는지 알아? 널 얼마나 사랑하는지 너는 모를 거야."

그러다가 다음 상황이 이어집니다. 관찰자에게 또래 아이보다 빠른 아이의 발달을 보여주고 싶었던 엄마는 아이에게 "한번 기어봐, 얼마나 잘하는지 보자" 하고 아이에게 기어보기를 시켜봅니다. 그런데 아이가 쉽게 엄마 말을 따르지 않습니다. 몇 번을 반복하다가 그래도 아이가 따르지 않자, 아이의 두 다리를 강제로 붙잡고 기는 모습을 보여주었습니다.

여기서 큰 차이가 있습니다. 안정 애착 유형인 엄마는 관점이 아이에게 맞춰져 있습니다. 정확히 아이의 욕구에 맞춰진 것이죠. 그런데 불안정 애착 유형의 엄마는 관점이 자신에게

나의 다정하고 무례한 엄마

맞춰져 있습니다. 내가 사랑하고 내가 원하는 것입니다. 아이가 원하는 것은 눈에 들어오지 않습니다. 하지만 아이에 대한 사랑이 없지는 않습니다. 이럴 경우 부모 스스로는 이것이 문제인지 인지하지 못합니다. 아이에게 자신은 사랑을 주었다고 생각합니다. 하지만 사랑은 주는 사람보다 받는 사람의 관점이 중요합니다. 우리는 사랑이 누구의 시선에 맞추어져 있는가를 생각해봐야 합니다.

일관적이지 못한 사랑은 오히려 혼란을 가져옵니다. 이런 환경 속에 자란 아이는 평생 감정을 호소하며 엄마 곁에 있습니다. 엄마의 마음에 들면 언젠가는 떡고물이 떨어지니까요. 그 관계를 벗어나기가 쉽지 않습니다.

 관계의 그림자,
내 안에 숨은 엄마

엄마의 그늘 속에 아이들이 들어갈 때 여러 지점들을 눈여겨보아야 합니다. 성인이 되어 가정을 이루고 살지만 여전히 엄마의 존재는 깊숙하게 들어와 있습니다.

상담을 받기 위해 한 남성이 찾아왔습니다. 한눈에도 상당한 사회적 위치를 획득한 사람임을 알 수 있었습니다. 그가 호소한 문제는 아내와의 갈등이었습니다. 그는 아내와 전혀 소통이 되지 않는다고 했습니다.

> "아내가 저를 전혀 인정하지 않아요. 아내를 만족시키기 위해 밤낮없이 움직이지만 삶이 황폐합니다."

이야기를 들어보니 인정 욕구에 시달리는 남자와 상대방의 감정을 이해하지 못하는 여자와의 만남이었습니다. 남편은 무능력한 아버지로 인해 인생 최대의 과제가 '능력' 있는 가장이 되는 것이었습니다. 무능력한 존재는 남편이 가장 두려워하는 상황이었습니다. 그런데 결혼한 아내가 남편을 무척 무시했고 남편에게 항상 더 많은 것, 더 높은 수준을 요구했습니다.

아내는 자라면서 부모의 도움이 필요할 때 사랑을 받지 못했습니다. 자신이 받은 사랑의 기억이 없으니 상대방에게 따뜻한 보살핌을 줄 수 없습니다. 남편에게 늘 "당신은 왜 그렇게 바라는 게 많아. 나는 혼자서 잘 살았는데" 하면서 전혀 심리적인 지원을 해주지 않았습니다.

인정 욕구가 강한 남편은 인정을 받기 위해 끊임없이 움직입니다. 그러나 아무리 많은 돈을 벌어주어도 좌절감만 쌓이는 상황이 반복되었습니다. 엄마 아빠에게 사랑을 받지 못하면 뿌리가 약합니다. '이 정도면 나 괜찮은 사람이야' 하면서 스스로 자신을 인정하기보다는 끊임없이 남의 평가에 흔들립니다.

인정 욕구에 목마른 양가적 저항 애착 유형의 남편과 회피적 애착 유형의 아내의 삶은 위태로워 보였습니다. 남편의 과한 인정 욕구도 해결 과제였지만 이 관계에서는 무엇보다 닫힌 아내의 마음을 여는 것이 중요했습니다. 저는 끊임없이 아내의 마음을 열어보려고 노력했습니다.

"겉으로 보이는 당신의 강인함 속에는 당신의 마음이 들어 있어요. 그 속에는 외로움과 슬픔이 있을 거예요. 더 깊이 들어가면 엄마에 대한 분노도 있고요."

냉담한 태도로 상담을 진행하던 아내가 그 말에 눈물을 흘렸습니다. 상담을 마치고 나면 굉장히 혼란스럽다고 호소하며 저를 원망하기도 했습니다. 자신은 잘 살고 있는데, 평온했던 마음을 흔들어놓는다고 괴로운 마음을 토로했던 것이죠. 하지만 해결되지 않는 감정의 평행선을 극복하기 위해서는 아내의 문제를 해결해야 했습니다. 바로 마음속 깊이 자리한 엄마와의 갈등입니다. 이 아내에게는 엄마가 자녀에게 해주는 감정의 이해가 필요합니다. 그래야 아내의 마음에 봄이 찾아올 수 있습니다. 그렇게 따스한 봄이 오기를 기다렸지만 안타깝게도 상담은 더 이상 이어지지 않았습니다.

심리 상담의 효능을 나타내는 그래프가 있습니다. 보통 10회기에서 20회기 정도로 상담이 진행되는데, 처음에 상담을 위해 찾아와 한두 번 상담을 받으면 '아, 그렇구나' 하고 상황을 이해하면서 상담의 만족도가 매우 높습니다. 그러다가 과거의 상처와 마주한 뒤에는 침체기를 겪으며 그래프는 바닥으로 뚝 떨어집니다. 그 과정이 지나면 서서히 마음이 올라오게 되는데 이 주기가 모든 사람들에게 비슷하게 나타나는 것은 아닙니다.

상담의 침체기는 상담을 통해 그동안 외면하고 억눌렸던 감정들이 올라와 고통을 겪게 되면서 나타납니다. 직면한다는 것은 그만큼의 내면의 아픔을 동반합니다. 자기 삶을 돌아보면서 억울한 마음이 듭니다. '내가 그때 얼마나 외로웠는데, 얼마나 고통스러웠는데' 하고 말입니다. 애써 외면하고 살아오면서 버텨왔는데 그때의 고통이 올라와 일상이 마비되기도 합니다. 상담자로서 이 시기를 잘 버텨주었으면 하는 마음이지만 이 고비를 넘기지 못하고 상담을 중단하는 경우를 많이 봅니다. 하지만 이 과정이 씨앗이 되어 삶을 회복시키는 과정 또한 지켜보게 됩니다.

상담을 하면서 수많은 각계각층의 사람을 만났고, 부와 명예를 한 손에 쥔 사람들도 보았지만, 그중에서 가장 큰 재산을 가진 사람은 자녀를 사랑으로 지켜보면서 한 인간으로 건강하게 성장할 수 있게끔 지원해주는 엄마를 가진 사람이었습니다. 엄마라는 이름 앞에서 연약하고 작은 어린아이의 모습으로 울음을 토해내던 사람들에게 부와 명예는 얼마나 무력하던지요.

안타깝게도 그런 엄마를 만나지 못했다고 해도, 우리의 삶을 그대로 놓아버릴 수는 없습니다. 내게 맞지 않는, 나에게 상처를 주는 엄마일지라도 엄마라는 존재의 심리적 기원을 밝히고 갈등을 해결하고 가능성을 발견하는 이야기들을 통해서 우리의 삶이 달라질 수 있습니다.

우리는 용기를 내어 마음속 숨은 상처를 만나고 그 이면의 상황을 다시 바라봐야 합니다. 그래야 앞으로 살아갈 삶을 건강하게 지속시키는 힘을 깨달을 수 있습니다. 그리고 어린 시절 그토록 안기고 싶었던 엄마와 다시 만나, 현재의 내 삶과 화해할 수 있습니다.

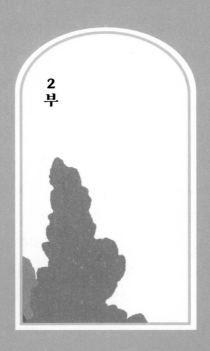

2
부

나를 새롭게 이해하는
엄마와의 대화

엄마,
이제는
나를 놓아줘

놓아주기와 연결하기

한 내담자가 엄마로 인해 힘든 상황을 이야기하면서 저에게 했던 인상적인 말이 있습니다.

"엄마에게 전화가 걸려오면 온 신경이 곤두서게 돼요. 늘 똑같은 말씀을 하시니까요. 그런 이야기를 들으면 제 생활에도 집중하지 못하겠어요. 저는 엄마가 이런 말을 해주셨으면 좋겠어요. 다른 엄마들이 하는, 그런 말 있잖아요. 난 잘 지내고 있으니 신경 쓰지 말고 너만 잘 살면 그만이라는 말이요. 저는 꼭 엄마의 인생까지

두 사람의 인생을 사는 것 같아요. 언제까지 엄마의 삶을 제가 돌봐야 될까요?"

우리가 꿈꾸는 부모님의 모습이 있습니다. 어려서는 부모님이 곁에 계시면서 성장 과정을 함께하지만 성인이 되면 부모님의 지지와 격려 속에 세상 밖으로 나가 독립을 하게 됩니다. 그리울 때 달려가면 언제든지 푹 안겨 쉴 수 있고, 있는 힘껏 사랑을 받지만 떨어져 있더라도 든든한 안정감을 느낍니다. 몸은 멀리 있지만 심리적으로는 연결된 느낌을 받는 것이죠.

독립은 단절을 말하는 것이 아닙니다. 부모와 안정적인 유대관계를 유지하면서 분리와 독립을 이루어야 하는 것이죠. 부모가 결혼생활의 외로움과 허전함, 실망감을 자녀를 통해서 풀려고 하면 자녀는 더 이상 자녀로 존재하지 못합니다. 자녀의 분리와 독립은 부모가 자녀의 생활과 감정을 존중하고 인정하는 데서 시작됩니다.

정서적 독립을 이루기 위해 제가 강조하는 것이 있습니다.

'나는 부모를 받아들이는가, 부모는 나를 받아들이는가.'

받아들임은 존재를 온몸으로 포용하는 것입니다. 이유가 있는 것이 아닙니다. 그저 존재 자체로 받아들여지고 이해되는 경험입니다. 그 경험이 충족되면 정서적 독립도 자연스럽게 이루어집니다.

탄생 과정에서 우리는 엄마와 한 몸을 이루고 있다가 최초의 분리를 경험합니다. 인간 최초의 경험입니다. 이 경험은 너무 까마득해 기억할 수 없습니다. 하지만 이 감정을 찬찬히 거슬러 올라가면 자신과 부모 사이의 연결 또는 단절을 느낄 수 있습니다. 부모와 있었던 경험을 스스로 느끼고 그것이 몸에 어떤 영향을 미쳤는지를 느껴보는 것이죠.

세상에 처음 태어나 엄마의 존재와 마주합니다. 따스하게 나를 감싸는 눈빛과 어루만짐이 있습니다. 인생 최초의 분리이지만 안온한 안정감이 느껴집니다. 떨어져 있지만 연결된 느낌, 온기 어린 감촉이 나를 지켜줄 것 같습니다. 이렇듯 우리가 태어날 때 일어난 분리는 우리 삶의 너무나 자연스러운 과정이었습니다.

어린아이는 자의식이 완전히 발달하지 않아 부모와 자신을 분리하는 법을 알지 못합니다. 그런데 성장한 뒤에도 이 분리가 이루어지지 않으면 문제가 생깁니다. 부모의 감정은 내 것

나의 다정하고 무례한 엄마

이 아닙니다. 그런데 그 감정이 어디에서 왔는지조차 모른 채 과거로부터 온 감정에 갇혀 살아갑니다. 이것이 비극을 만들어내는 것이죠.

부모와의 분리와 독립은 한 몸으로 이어져 있다가 다시 떨어지는 태초의 인간에게 주어진 숙명입니다. 온전히 그 사실을 받아들이면 조금씩 자연스러운 감정이 올라옵니다. 자신을 편안하게 느끼려면 먼저 부모와 건강하게 연결되고 편안히 떨어질 수 있는 관계를 맺어야 합니다.

미분화된 사랑의 비극

아이가 세상에 태어난 직후 엄마는 아이 곁에서 아이의 생존에 필요한 모든 것을 공급해줍니다. 그러다가 아이가 걸음마를 하고 세상을 향한 탐색을 시작하면 점차 엄마로부터의 독립을 준비합니다. 적절한 나이가 되어 자립하기까지 엄마는 보호자가 되어 도움을 주고, 지켜보기도 하면서 '그래, 나와 다른 생각으로 이렇게 성장해가는구나' 하고 나와 다른 하나의 독립된 인격체로 아이를 존중하게 됩니다. 이렇게 엄마와 아이가 떨어져 각자의 삶을 살게 되는 것이죠.

분화는 가족치료이론의 대가 머레이 보웬Murray Bowen이 핵심적으로 주장한 개념으로, 그는 가족 내에서의 주된 문제는 정서와 인지가 분화되지 않는 것 때문에 생기는 것으로 보았습니다. 분화는 자아의 형성을 통해서 이루어지는데 아이들은 부모 또는 주변의 중요한 사람들과 상호작용을 통해서 자신의 자아를 형성해 나갑니다. 자아분화란 한 개인의 지성과 정서가 적절하게 분화된 것이며, 자신이 태어난 원가족으로부터 개별화된 정도를 말합니다. 분화되기 위해서는 정서적으로 건강하고 행복한 가정이 전제되어야 합니다. 아울러 부모와 자녀가 각각의 독립된 정서로 존재해야 합니다.

분화는 친밀감과 거리감이 적당한 균형을 이루어 공존해 있는 것입니다. 좋은 관계는 놓아주기와 연결하기가 자연스럽게 잘 이루어진 관계입니다. 극단적인 친밀감 또는 극단적인 거리감을 갖고 있는 것은 미분화된 상태라고 합니다. 집착과 단절로 관계를 맺고 있다면 그것은 미분화된 상태입니다.

자신에 대한 자아가 미분화되어 있으면, 온 가족이 감정적으로 한 덩어리가 되어 정서적으로 함께 묶여 있게 됩니다. 독립되어야 할 인격체들이 지나치게 밀착되어 가까이 있으면서 같은 정서를 경험하는 것이죠.

미분화된 사람들은 '그래, 네 생각은 이렇구나. 나랑 다르구나'가 아니라, '내가 슬프면 너도 슬퍼야 돼. 내가 이렇게 힘든데 넌 어떻게 그럴 수 있니?'의 시선으로 자녀를 대합니다. 엄마가 슬프면 자녀도 함께 슬퍼해야 하고, 내가 고통스러우면 자녀도 마찬가지로 고통스러워야 하고, 다른 관점을 가져서도 안 됩니다. '나를 이렇게 힘들게 한 아빠가 너는 어떻게 좋을 수 있니?' 하면서 자신의 관점을 강요합니다. 그러다가 자신의 행동을 거스르면 경제적 지원을 끊거나 극단적인 관계 단절의 행동을 보입니다.

자신이 못다 이룬 꿈을 자녀에게 강요하기도 합니다. 자녀의 성적이 곧 나의 성적이기 때문입니다. 또 내가 증명하고 싶은 것을 자녀에게 강요합니다. 아이는 그렇게 하고 싶지 않지만 엄마가 원하는 것이기에 마지못해 따라갑니다. 그러다가 아이가 자신의 마음대로 움직이지 않으면 지나치게 절망하면서 위협을 가하기도 합니다.

또한 장성한 자녀들을 놓지 못하는 부모를 많이 봅니다. 아주 가까운 거리에서 결혼한 자녀들을 감시하거나 수시로 자녀의 삶에 개입합니다. 상대방이 자기 마음에 들어갔다가 나온 것처럼 자신의 마음에 들게 행동할 것을 강요하기도 합니다.

이 미분화의 근본적인 뿌리는 부모에게서 비롯됩니다. 부모가 자녀를 분화시키지 못하면 자녀는 분화되지 못합니다. 하지만 부모가 분화를 시키면 자녀는 분화할 수 있습니다. 그런데 부모가 자녀를 놓지 않는 것이죠. 미분화된 관계는 시한폭탄처럼 문제를 안고 가다가 결국은 곪아 상처를 드러낼 수밖에 없습니다.

🌷 나의 분노는 어디에서 시작되었을까

자녀에게 집착하는 엄마는 자녀를 무의식적으로 엄마에게 과잉 충성하도록 만듭니다. 자기 삶을 포기한 채 엄마를 떠나지 못하는 사람, 엄마와 분리되지 못한 삶으로 인한 아픔이 생생하게 전해져 상담을 하면서 제 마음에 깊게 각인된 내담자가 있습니다.

결혼 기간이 3년이 채 되지 않은, 아주 젊은 부부가 저를 찾아왔습니다. 아내는 끊임없이 자살 충동을 느끼고 실제로 행동으로 옮기고 있어서 이를 지켜보는 남편은 무척 괴로워하고 있었습니다. 살펴보니, 아내가 갖고 있는 문제는 다양했습니다. 우울증, 강박장애, 공황장애, 분노…. 어디서부터 시작해야 될

지 조심스럽게 들여다보기로 했습니다.

"시어머니가 견딜 수 없이 싫어요. 너무 싫어요. 무식하고 돈만 알고요. 이런 사람은 처음 봤어요. 어떻게 이런 사람을 만났을까 치가 떨려서 제 생활을 할 수가 없어요."

고부 갈등으로 이토록 심한 고통을 겪고 있는 것일까. 그렇다면 고부 갈등과 부부 갈등의 원인은 무엇인지 찬찬히 아내의 상황 속으로 들어가보기로 했습니다. 남편은 엘리트 코스를 밟으며 반듯하게 잘 자란 사람이었고 그 경험을 토대로 자신감도 있어 보였습니다. 아내는 오랜 해외생활을 바탕으로 국제 협력 기구에서 일하는 재원이었습니다. 사람들이 평가하는 눈에 보이는 것들만큼은, 모두가 부러워할 만한 풍부한 자원을 가진 사람이었습니다. 하지만 극심한 우울증으로 약을 먹거나, 차에 뛰어들기도 하면서 자신의 문제를 극단적으로 표출하고 있었습니다.

"저는 늘 우울했던 것 같아요."

청소년기부터 줄곧 우울감에 시달려왔다고 아내가 말했습니다. 듣고 보니, 그녀의 성장 과정이 너무나 어두웠습니다. 부모의 불화가 끔찍할 정도로 심각했기 때문이었습니다. 부모는 연애를 시작한 지 얼마 되지 않았을 때 혼전임신이 되었고 서둘러 결혼했지만 결혼 기간 동안 불화가 깊어 자녀에게 충분한 사랑을 주지 못했습니다. 뒤이어 태어난 남동생에게도 마찬가지였습니다. 특히 아빠를 향한 아내의 분노는 매우 분명해 보였습니다. 태어나면서부터 줄곧 이어진 부모의 싸움, 아빠의 학대와 거친 비난으로 힘든 성장기를 보냈고 결국 부모님은 이혼을 하게 되었습니다.

그러던 그녀는 남편을 만나 이른 나이에 결혼을 결심합니다. 자신을 너무 사랑하고 이해해주는 사람, 그 하나로 모든 것이 좋았고 짧은 연애지만 주저 없이 결혼을 선택하게 되었다고 합니다. 남편 역시도 같은 마음이었고, 보자마자 사랑에 빠졌다고 할 정도로 아내를 사랑한다고 했습니다.

하지만 이제는 그 남편이 미칠 정도로 싫다고 말합니다. 상담 중에 남편이 꼴도 보기 싫다는 말을 수없이 반복했습니다. 자신에게 모든 것을 맞추는 남편이기에 원하는 대로 새 삶을 시작할 수 있을 것으로 생각했던 결혼생활은 의외의 복병이 있었습니다. 바로 시어머니의 존재였습니다.

나의 다정하고 무례한 엄마

시어머니가 자신을 탐탁치 않게 여기는 것을 알게 된 아내는 감정이 매우 상했습니다. 게다가 자신의 말이라면 뭐든지 들어줄 것 같은 남편인데 시어머니의 존재가 개입될 때는 주춤하는 모습이 보였습니다. 무엇보다 그녀가 가장 크게 분노한 것은 시어머니가 자신의 가정을 책잡았다는 것이었습니다. 그 대목에서 분노는 불길처럼 커졌습니다.

아내는 남편에게 자신과 어머니, 둘 중에서 한 명을 선택하라고 압력을 가했습니다. 자살 시도를 통한 경고는 강력했습니다. 남편은 큰 충격을 받았고 원하는 대로 어머니와의 관계를 단절했습니다. 이제 자신 역시 시어머니를 볼 일이 없어졌는데 분노는 쉬이 사라지지 않았습니다. 남편으로서는 최후의 조치까지 취했는데 상황이 나아지지 않으니 부부는 불행에서 헤어날 수가 없었습니다.

아니, 오히려 분노의 대상은 남편에게 옮겨졌습니다. 남편이 시어머니를 떠올리게 했기에 남편을 보면 분노가 가라앉지 않는다고 했습니다.

"남편이 너무 싫어요. 꼴도 보기 싫어요. 시어머니가 사준 옷을 절대로 입지 말라고 했어요. 자꾸 시어머니를 떠올리게 하잖아요. 너무 보기 싫어요."

남편은 상담실 밖에서 아내의 안색을 살피는 데 온 에너지를
다 쓰는 듯했습니다. "너무 싫다"는 남편을 향한 분노에 휩싸
인 그녀의 말은 상담 내내 반복됐습니다. 어디서부터 이 분노
를 잠재워야 할지 더 깊은 이야기가 필요했습니다.

다 나를 떠났어, 너뿐이다

"왜 이렇게 결혼을 일찍 했어요?"
"그땐 남편이 너무 좋았거든요."

요즘 시대에 비추어서 너무 이른 결혼이었습니다. 엄마는
딸의 결혼 결정에 자신의 살점이 떨어져나가는 듯 슬퍼했습니
다. 결혼을 앞두고는 모녀가 부둥켜안고 실신할 듯 울었다고
합니다.

"결혼해서 멀리 떨어지게 된 건가요?"
"그렇게 멀진 않아요. 같은 동네라⋯."

나의 다정하고 무례한 엄마

앞뒤가 맞지 않은 이야기의 퍼즐을 다시 맞춰야 했습니다. 3회기의 상담 이후 가족 세우기를 진행하기로 했습니다. 가족 세우기는 내담자와 내담자의 가족이 신체적 움직임을 통해 가족관계를 표현하면서 치료 효과를 거두는 것인데 그 과정을 통해 그녀의 엄마, 엄마의 원가족 문제까지 전체적으로 들여다볼 수 있습니다.

그렇게 가족 세우기가 시작되었습니다. 가족 세우기를 통해 매우 부유했지만 정서적인 자원은 거의 없었던 엄마의 성장 과정이 펼쳐졌습니다. 외도와 불화로 점철된 척박한 집안 환경이었습니다. 엄마 또한 이혼 가정이었고 새아버지와의 관계가 원만하지 않았습니다. 그러던 중 엄마에게 반한 아빠의 구애가 시작되었고 결혼까지 이어졌습니다. 하지만 결혼 이후에 아빠는 수도 없이 외도를 합니다.

외도를 한 아버지를 두었는데 외도를 한 남편을 만나게 된 것입니다. 아이러니하게도 그렇게 만나지는 이유가 있습니다. 어떤 심리일까요? 나는 엄마 아빠가 이혼을 하고 불안정한 가정에서 성장했는데 상대방은 부모의 사랑을 듬뿍 받은 안정적인 사람이라면 긴장하게 됩니다. 늘 부족하게 느껴집니다. 이 감정을 견디는 것이 너무 어렵습니다. 하루 이틀은 숨길 수 있지만 평생을 살아가면서는 이것이 족쇄처럼 다가옵니다. 자존감의 위협을 받으니 나랑 비슷한 처지의 사람을 만나면 나도 당당할 수 있다는 마음이 자리 잡습니다. 그래서 상처가 비슷한 사람끼리 만나게 됩니다.

성장 과정에서 아빠의 상처 역시 상당히 깊었습니다. 그렇게 좋아하고 쫓아다닌 아내인데 결혼해서는 아내를 학대하고 끊임없이 외도를 합니다.

엄마에게서 딸에게로, 이혼의 대물림, 외도의 대물림, 폭력의 대물림, 상처의 대물림이 이어진 상황이었습니다. 그런 상황에서 엄마는 점점 자녀들에게 집착하게 됩니다. 엄마는 딸에게 의식적으로든 무의식적으로든 무수히 메시지를 보냅니다.

'다 나를 떠났어, 너뿐이다.'

그러면서 딸에게 이런 메시지도 보냅니다.

'너 아니었으면 다른 삶을 살 수도 있었어. 하지만 이제 너를 바라보고 살게.'

이런 메시지가 차곡차곡 쌓이면서, '자신을 책임진 엄마의 삶이 나 때문에 불행한 것이구나' '엄마는 나 때문에 불행한 삶에서 벗어날 수 없었구나' 이런 생각이 뿌리 깊이 마음에 박힙니다.

하지만 그러면서도 한 몸처럼 묶인 이 모녀관계에서는 이런 욕구가 생겨날 수밖에 없습니다. 나밖에 없는 엄마가 가엾지만 한편으로는 이 엄마에게서 너무나 떨어지고 싶다는 마음입니다.

'벗어나고 싶다.' 그러나 엄마에게서 벗어나서 나오는 순간, 밀려드는 죄책감이 있습니다. 그래서 그 죄책감을 해결하기 위해서는 새로 맺는 관계에서 갈등관계를 만들어야 자신도 버틸 수 있습니다. 여기서 행복하게 살면, 엄마에게는 너무나 배신감이 밀려드는 상황이 되는 것이죠. 나만 바라보고, 나 때문에 아이를 가져 서둘러 결혼한 엄마이기 때문입니다. 이 딜레마를 어떻게 탈출해야 할까도 고민하게 됩니다. 그러면서 마음은 갈피를 잡지 못하고 충돌하며 만신창이가 되고 있었습니다.

이럴 수도, 저럴 수도 없는 마음

그녀의 결혼은 상대방을 사랑해서 한 결혼이 아니었습니다.

원가족을 벗어나고픈 탈출구였습니다. 그렇다고 결코 엄마와의 관계를 끊을 수 없습니다. 엄마의 사랑이 매우 위협적으로 작용하기 때문입니다. 게다가 결혼생활도 자기 마음 같지 않습니다. 새롭게 시작하고 싶었는데 그 계획이 어그러지니 너무 괴롭습니다. 수시로 일어나는 자살 충동에 혼란스럽습니다. 그래서 남편에게 비합리적인 사인을 보내는 것입니다.

"당신이 너무 싫지만, 그렇다고 헤어질 수도 없어. 어쩔 수 없이 당신이랑 살아야 돼."

그렇게 남편에 대한 미움이 극대화됩니다.

'싫어, 너무 싫어. 다 꼴 보기 싫어. 탈출구를 위해 당신이 필요하지만 나에게 가까이 오지 마. 나를 건드리지 마. 나를 내버려둬. 다가오지도 말고 나에게서 떠나서도 안 돼.'

하지만 알고 보면 이것은 엄마에 대한 미움입니다. 이것을 투사적 동일시Projective Identification라고 합니다. 투사적 동일시는 자기가 생각하는 측면과 감정을 타인에게 전가하는 것입니다. 내가 화가 나 있으면 상대방이 화가 나 있다고 생각합니다. 남편은 분명 다른 사람인데도 남편에게서 엄마도 보고 아빠도 봅니다. 아내는 엄마에게서 정말 벗어나고 싶지만 벗어날 수 없는 상황에 있습니다. 엄마에 대한 감정을 남편에게 느끼는 것입니다.

하지만 이제는 오랫동안 눌러온 고통을 벗어던지고 새 삶을 위해 이 문제들을 극복해야 합니다. 바로 엄마와의 건강한 분화가 이루어져야 하는 것입니다. 앞으로 아내가 해내야 할 심리적인 과제는 엄마를 벗어나는 게 결코 나쁜 행동이 아니라는 것을 깨닫는 것입니다. 엄마가 비록 슬퍼한다고 해도 그것은 엄마의 감정일 뿐입니다. 그 감정까지 모두 책임지고 다 떠안을 수는 없습니다. 그리고 자신의 생각보다 더 강력하게 엄마는 스스로의 힘으로 자신을 지킬 수 있습니다. '엄마는 내가 없으면 완전히 무너질 것이다. 일어서지 못할 것이다'라는 심리적 압박에서 벗어나야 합니다. 힘들어하는 엄마를 상상하는 것을 차단해야 합니다.

"저는 딸이 행복하게 살았으면 좋겠습니다. 저를 떠나 독립적으로 자기 삶을 잘 가꾸면서요."

아내의 엄마가 상담을 와서 처음 제게 했던 말입니다. 하지만 그 말과는 다르게 상담이 진행될수록 엄마의 말은 공허하게 다가왔습니다. 그러던 중 가족 세우기를 통해 엄마 역시도 딸과의 관계에 작용하는 전체 구도를 알게 되었습니다. 그리고 자신이 딸을 너무 쥐고 있었다는 것을 발견하게 되었고 이 관계를 변화시켜야겠다는 의지를 갖게 되었습니다.

가족 세우기의 과정을 따라 가장 먼저 부부의 갈등부터 해결했습니다. 부부 안에서 쌓아온 엄마의 감정을 해소하고 나니, 그제야 딸이 보입니다. 어린 시절의 무력했던 딸, 부모의 갈등 속에 두려움에 떨고 있던 딸이 보이는 것이죠.

"딸아, 너무 미안해. 이렇게 이쁘고 사랑스러운 아이인데 내 마음이 힘들어서 너를 보지 못했어. 너를 방관하고 네 상처를 모른척해서 미안해."

엄마와 딸이 서로를 이해하는 과정이 이렇게 이루어졌습니다. 이 과정을 시작으로 심리적 치유가 진행되었습니다.

나의 다정하고 무례한 엄마

❋ 엄마의 삶과
내 삶은 다르다

처음 보았을 때부터 강렬한 인상을 남긴 내담자였습니다. 해결해야 할 것들이 위중해 보였고 개인의 삶 자체가 위태로웠습니다. 게다가 주변 사람들도 불행의 소용돌이 속으로 빠져들고 있었습니다.

우선 상담을 통해서 남편의 삶을 통제하고 싶은 욕구와 자신을 학대하는 강박, 이 두 가지 문제를 해결하는 것에 중심을 두었습니다. 상담 내내 지속적으로 힘썼던 것은 그녀의 마음에 '수용'의 문이 열리는 것이었습니다.

> "엄마와의 관계가 내가 무엇을 해야만 유지되는 것은 아니에요. 조건부 사랑이 아니라 엄마와의 관계를 있는 그대로 받아들였으면 좋겠어요. 죄책감으로 엄마를 대하지 않아도 돼요."

지나치게 힘을 주고 옭아매어 있는 이 관계가 자연스럽게 힘이 풀리고 순리대로 이어지는 것이 필요했습니다.

상담이 진행되면서 서서히 그녀는 엄마에 대한 솔직한 감정을 발견하고 확인할 수 있었습니다. 실제로는 '엄마에게 너무 벗어나고픈 마음'을 들여다보게 된 것입니다. 자신의 마음을 바라보게 되었으니 이제 엄마와의 감정을 분리하는 다음 작업이 이루어져야 했습니다.

> '이것은 엄마의 감정이었구나. 엄마가 힘들었겠다. 하지만 그건 엄마의 삶이다. 나는 여기서 분리된 삶을 살아야 된다.'

이렇게 이해한 뒤에 엄마의 삶과 내 삶을 분리시키는 것입니다. 이때 두 가지 훈련이 필요합니다.

하나는 엄마를 이해하는 작업입니다. 엄마가 그렇게 한 것은 엄마 역시도 좋은 모델을 보지 못했기 때문입니다. 불행했던 삶에서 벗어나기 위해 적용하고 싶은 모델이 없었습니다. 이런 엄마의 삶을 보면서 이해합니다. 또 하나는 엄마 역시 이전 세대의 삶을 이해하고 위로를 받은 이야기를 딸에게 해주어야 합니다.

> "미안해. 내가 너에게 너무 부담을 주었구나. 엄마는 괜찮으니 이제 너의 삶을 살아."

엄마가 이렇게 말해주지 않으면 마음이 또 켜켜이 쌓입니다. 이럴 때는 심리 상담을 활용해도 좋습니다. 스스로에게 하는 것보다 누군가가 엄마의 역할을 해주면서 타인의 목소리를 통해 들으면 그만큼의 힘이 있습니다.

지금까지 받아온 상처와 아픔은 돌이킬 수 없는 현실입니다. 상처로 인해 맺어진 불균형한 관계 또한 불가항력적인 문제였습니다. 하지만 문제를 자각했다면 상처받은 자신을 수용하고 관계를 재정립하는 노력이 필요합니다. 한 몸처럼 붙어 있는 이 관계는 이제 독립이 필요합니다. 이 관계가 제자리를 찾게 되면 남편과의 관계도 서서히 균형을 이루게 될 것입니다.

이제는 엄마의 뜻과 다른, 자신의 욕구와 의견을 표현할 수 있어야 합니다. 나는 엄연히 엄마와 다른 존재입니다. 다른 생각을 할 수 있고 다른 꿈을 꿀 수 있습니다. 이것은 엄마에 대한 배신이 아닙니다. 자신이 원하는 목소리에 귀를 기울이는 것이 필요합니다.

홀로 된 엄마와 함께 살던 중년 여성이 있었습니다. 결혼도 포기한 채, 삶의 주파수는 엄마를 보살피는 데 맞춰져 있었습니다. 상담을 와서 제게 호소한 가장 큰 어려움은 도저히 잠을 이룰 수가 없다는 것이었습니다. 약을 처방받고, 바삐 몸을 움직여봐도 10년이 넘도록 불면의 고통은 사라지지 않는다고 했습니다.

다른 문제는 없다고 했지만 상담을 통해 그녀가 너무 오랫동안 엄마를 위해 자신의 삶을 매어놓으면서 마음의 병을 얻은 것을 알 수 있었습니다. 숱한 외도로 엄마를 괴롭힌 아빠와는 진작에 헤어졌고, 동생들은 이른 결혼과 함께 가족의 품을 떠났지만 엄마의 인생이 가여워 평생 엄마를 떠나지 못했던 딸은 자신의 욕구가 무엇인지조차 인지하지 못했습니다. 자신이 원하는 것을 표현하고, 마음을 챙기는 것은 이기적이라는 생각이 들었고 엄마에 대한 죄책감으로 돌아왔습니다.

욕구가 억압당하면 그것은 병이 됩니다. 욕구는 해소되고 표현되어야 합니다. 인간의 몸은 그렇게 설계되어 있습니다. 이기적이라는 것은 누가 정의를 내릴 수 있을까요? 엄마의 삶이 힘들었다고 해도 그것은 자녀가 해결해주어야 할 과제가 아닙니다. 그것은 엄마의 몫이고 엄마 스스로 풀어내고 재설계할 수 있어야 가장 힘 있는 엄마의 삶이 됩니다. 엄마 역시 삶 속에 수많은 선택지가 있었을 것입니다. 그 선택으로 지금의 삶이 이루어졌다면 앞으로 있을 선택으로 삶을 새롭게 만들어갈 수 있습니다.

엄마와 아이가 온몸으로 서로를 감싸고 있다가 탄생과 함께 떨어진 최초의 분리는 그것이 태초의 인간에게 설계된 가장 바람직한 인간의 모델이기 때문입니다. 직립 보행은 세상을 향한 탐색이 원활히 이루어지도록 만드는 또 하나의 모델입니다. 한 발 한 발 자신의 삶 속으로 내딛는 발걸음에 자궁 안의 연결이 힘차게 도움닫기를 해줄 수 있도록 내 몸은 엄마의 존재 이유를 기억하고 있습니다.

삼각관계의 희생양,
우리도
아빠가 있음을

🌱 엄마 아빠 나, 삼각관계의 희생양

"아빠는 사람도 아닌 줄 알았어요."

한 여성이 담담한 얼굴로 말했습니다. 감정 없는 눈빛이 더 마음을 아프게 했습니다. 지금 와 생각해보면 그렇게 미워할 이유도 없었는데 어려서부터 아빠를 원망하며 보낸 시간이 후회된다는 말을 덧붙였습니다.

엄마와 자녀의 갈등 중에서 삼각관계의 역동으로 인한 문제들을 많이 봅니다. 엄마는 자녀들과 더 많은 시간을 보내며 아빠보다 더 많은 양육을 담당합니다. 엄마와 자녀는 둘만의 양

나의 다정하고 무례한 엄마

자관계로 형성되고, 아빠와 자녀관계는 아빠, 엄마, 자녀로 맺어진 삼자관계입니다. 엄마의 생각과 기대는 아빠와 자녀의 관계에 절대적인 영향을 미칩니다.

자녀나 타인을 끌어들여 불안한 부부관계를 안정시키려고 하는 관계 유형을 보웬은 삼각관계Triangles라고 이야기했습니다. 삼각관계는 가족 안에 있는 불행한 관계 유형에서 만들어집니다. 그런데 삼각관계에 가장 큰 영향을 주는 것은 불안입니다. 불안한 마음이 클수록 사람들은 삼각관계를 통해 이 감정에 대처하려 하고 정서적으로 미분화된 부모는 미분화에서 오는 불안을 자녀와 이룬 삼각관계를 통해 해소하려고 합니다. 이러한 삼각관계에서 볼 수 있는 공통적인 현상은 엄마가 자녀와 공생적 관계를 형성하여 미분화에 따른 자기 문제를 자녀에게 전가하는 것입니다.

아빠와 자녀 사이에는 반드시 엄마라는 존재가 있습니다. 남편에 대한 불만이 있을 때 아내는 자녀들을 자기 편으로 만들어 남편에 대한 불만을 토로하고 감정을 쏟아냅니다. 그 과정에서 자연스럽게 자녀들은 아빠를 미워하고 멀어지게 됩니다. 또한 자녀에게 "이제 내가 사는 이유는 너희야. 너희 때문에 사는 거야"라고 말합니다. 과도하게 자녀에게 몰입하고 자신의 인생을 책임지게 만듭니다.

부부관계가 나빠서 가족이 멀어질 때 가장 큰 피해자는 자녀입니다. 자녀들은 이러한 삼각관계에서 깊은 심리적인 문제가 생기기 때문입니다. 엄마의 편이 된 자녀는 자기 스스로 생각하고 느끼는 것이 불가능해지고 아빠에 대해 좋은 감정을 갖기 어렵습니다. 오랫동안 엄마와 형성한 관계에서 엄마가 원하는 감정을 느끼고 생각해야 한다는 충성심이 작용하기 때문입니다. 하지만 엄마와 자녀는 개별적인 존재입니다. 부부로서는 좋은 인연이 아니나, 아빠의 존재는 다른 의미로 다가올 수 있습니다. 이것이 자녀들에게 얼마나 큰 상처를 주는지 부모는 인지하지 못하는 경우가 많습니다.

이 삼각관계의 역동은 자녀들을 병들게 합니다. 인간의 기본적인 욕구 중에 하나는 자신의 감정에 대해 인정과 수용을 받는 것입니다. 어렸을 때부터 엄마가 쏟아내는 이야기를 듣고 자란 자녀는 '엄마가 원하는 것은 무엇일까' '저 사람이 나에게 원하는 것이 무엇일까?'에만 집중하며 자신의 욕구는 모른척합니다. 그렇게 해야 살아남을 수 있을 것 같다는 생존 욕구가 자리했기 때문입니다. 인간은 정말 자신이 원하는 것, 자신의 목소리, 자신의 욕구가 지속적으로 좌절되면 건강한 심리를 유지할 수 없습니다. 삼각관계에 휘말리면 자녀는 더 이상 자녀로 존재하기보다 부부 갈등을 담당하는 한 축이 되고 정서적으로 불안 상태에 놓일 수밖에 없습니다.

 ## 고통받는
아이들

한 여성이 장성한 아들, 딸과 함께 상담실을 찾아왔습니다. 오자마자 그녀는 일사천리로 자신의 힘든 이야기를 털어놓았습니다.

"자기감정을 주체하지 못하고 악마 같은 행동을 해요. 일평생 자기중심적이고 자기객관화가 되지 않았어요. 게다가 도박을 하고 무능력합니다. 일을 벌이고 수습하지 못해요."

쌓인 이야기가 많은 듯 남편에 대한 사연이 폭발하듯 터져 나왔습니다. 생활비도 제대로 못 받고 평생을 가족 뒷바라지에 헌신했던 엄마, 자녀들에게 아빠 곁에 있는 엄마는 안쓰럽고 불쌍한 사람으로 그려졌습니다.

과거부터 짚어보니, 남편은 집안에서 회색분자처럼 겉돌았습니다. 회사에 다니면서도 생활비를 주지 않았지만 그녀는 특유의 생활력으로 집안을 지켜왔다고 했습니다. 그리고 지금도 여전히 생활의 최전선에서 자녀들과 다른 식구들을 뒷바라지하고 있었습니다. 이러한 과다한 책임 속에서도 '다 내가 감당해야 하는 일이려니' 하면서 평생을 살아온 사람이었습니다.

8남매의 막내로 태어난 남편은 원가족에서 존재감이 없었습니다. 원가족에서 채워지지 않았던 인정 욕구에 시달린 남편은 현재 가정에 와서도 겉돌기는 마찬가지였습니다. 남편이 가진 아내에 대한 가장 큰 원망은 아내가 시댁 식구와 자신을 무시하는 것이라고 했습니다. 남편과 아내는 결혼생활 내내 상처를 주고받으며 갈등을 쌓아온 듯했습니다.

과도하게 책임지며 살았던 지난 세월이 억울한 듯 남편의 악행에 대한 에피소드가 쉼 없이 쏟아져 나왔습니다. 감정의 골이 깊어서 그때의 감정이 차오르는 듯했습니다. 이야기의 결말이 정해져 있는 것 같아 그 지점에서 저는 물었습니다.

"그럼 이혼을 염두에 두신 건가요?"
"아휴 참, 그래도 전 이 사람 다 이해할 수 있어요. 자식들 위해서 전 다 감수할 수 있어요."

나의 다정하고 무례한 엄마

이전의 상황을 뒤집는, 예상하지 못한 말이었습니다. 순간 상담실에는 정적이 흘렀습니다. 자녀들의 얼굴을 보니 좌절감과 무력감의 기운을 띤 분노가 느껴졌습니다.

문제점을 끊임없이 쏟아내면서도 남편의 이기적인 행동이 자신에게는 문제가 되지 않는다고 했습니다. '남편의 이런 점이 너무 나빠. 하지만 난 괜찮아' 이런 모순적인 태도가 반복되었습니다.

자녀들은 엄마가 더 이상 고통받지 않고, 근본적인 문제를 해결하기를 원한다고 했습니다. 그동안 그녀는 별 문제가 아니라고 하면서도 끊임없이 자녀들에게 힘든 이야기를 늘어놓았습니다. 오랫동안 이어진 도돌이표였습니다. '불쌍한 엄마, 이런 이야기를 내가 아니면 누가 들어주랴' 하는 마음으로 자녀들은 엄마의 이야기를 들어야 했습니다.

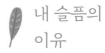

내 슬픔의 이유

"엄마, 그건 아니야, 이렇게는 더 이상 못살겠어요."
"저는 애들 생각해서 이혼할 수는 없어요. 저만 참고

이해하면 돼요."

"엄마가 이혼하기를 어렸을 때부터 바랐어. 정말이야.
우리는 원하는 일이야. 그렇게 불행한데 왜 그러고 사
는 거야. 왜 우리 때문이라고 하는 거야."

상담이 제자리를 맴돌자 자녀들의 분노가 점점 증폭되었습
니다. 처음부터 분노를 표출하던 큰아이와는 달리, 무기력으로
상담 내내 조용하던 둘째아이가 마침내 참을 수 없다는 듯 내
뱉었습니다.

"정말 싫어! 미쳐버릴 것 같아요."

둘째아이인 딸은 전액 장학금으로 대학에 입학할 정도로 똑
똑한 아이였지만 심리적인 문제로 고통을 겪고 있었고, 학업도
중단하고 정신과 약에만 의지해야 될 정도로 심적으로 황폐한
상태였습니다. 자녀들은 엄마가 이혼을 하지 않으면 자신들은
집을 나갈 것이라고 했습니다.

자녀들에게 아빠는 악마이고 엄마는 불쌍한 사람이었습니
다. 평생 동안 '아빠가 이래서 나빠, 저래서 나빠' 해놓고는 동
시에 '나는 괜찮아' 하면서 본인은 그런 악마와 함께 살겠다는

나의 다정하고 무례한 엄마

것은 도저히 받아들일 수 없다고 했습니다. 특히 딸의 반발이 극심했습니다. 탄식으로 시작된 분노는 거의 통곡에 가까울 정도로 거세졌습니다. 자녀들이 아빠에게 느끼는 적대적인 감정은 엄마가 만들어놓은 감정이기도 했습니다.

혼란스러운 마음을 가누지 못하고 울부짖는 자녀들의 절규에는 그동안 꾹꾹 눌러온 마음의 응어리들이 담겨 있는 듯했습니다.

"저는 왜 이렇게 마음이 답답한지 몰랐어요. 왜 이렇게 무기력하고, 옴짝달싹 아무것도 못할 것 같고 정신적으로 힘든지. 나약해서 그런 걸까. 단지 아빠가 악마이기 때문이라고 생각했어요. 왜 이런 아빠를 만났을까. 그래서 정말 죽이고 싶을 정도로 아빠가 미웠는데……."

정신적으로 피폐해져서 상담실을 찾아왔지만 자녀들은 처음엔 무엇 때문에 힘든지 모르는 상황이었습니다. 오로지 아빠를 향한 분노 때문이라고 생각했지만 상담을 하면서 이러지도 저러지도 못하는 상태로 엄마의 감정은 받아내야 하고, 변하지 않는 상황 속에 갇혀 있던 자녀들의 고통이 차곡차곡 쌓인 결과임을 알게 되었습니다. 왜 자꾸만 죽고 싶을까, 괴로운 마음의 기저에는 그런 감정이 숨어 있었습니다.

한 집에 있지만 어렸을 때부터 아빠와의 관계는 단절된 상태였습니다. 아빠의 존재가 필요했던 적도 있었지만 엄마를 생각하면 아빠와는 결코 가까워질 수 없었습니다.

아빠를 향한 분노로 아이들을 묶어놓고 자녀들을 미치게 하는 엄마, 자녀를 사랑하지만 잘못된 방법으로 자녀들을 옭아매는 엄마, 그리고 자녀들에게 큰 고통을 주고 있는지조차 모르는 엄마였습니다.

🌱 나는 옳아, 나는 잘하고 있어

이 엄마는 문제가 있는데도 문제를 문제로 보지 않는 모순된 양가 감정을 보였습니다. 이 양가 감정은 어디에서 왔을까요?

그녀의 아버지는 아들과 딸을 많이 차별하며 아들만 잘해주었고 재산도 아들에게 모두 물려주었습니다. 도박으로 많은 돈을 날리고 집안은 잘 돌보지 않으면서 바깥에서는 호인으로 통했던 아버지이기도 했습니다. 평생 자신을 인정해주지 않는 아버지가 굉장히 미웠지만, 아버지가 인생 후반에는 자신을 인정해주었다고 합니다.

"집안에 무슨 일이 생기면 네가 있어서 다행이다. 든든하구나."

존재감이 없는 딸이었는데 인정받기 위해서는 해결사의 역할이 필요했습니다. 보란 듯이 뒤처리를 해주면 그제야 인정을 받을 수 있었습니다. 그러면 '역시 나구나' '나 없으면 아무것도 안 돼' 하고 자존감도 높아지는 것 같았습니다.

결혼 후 인정 욕구에 목마른 그녀는 역시 인정 욕구가 강한 남편을 만났고, 두 사람은 서로 충돌할 수밖에 없었습니다. 그렇게 부부가 서로 인정받고자 아우성대고 있었던 것이죠.

오랜 세월, 남편은 실패자이고 자신은 잘해왔다고 믿어 의심치 않았습니다. 자신이 옳다는 것을 증명받아야 하는 상담이었는데 상담이 진행될수록 자녀들의 격렬한 분노와 마주하면서 그녀는 적잖이 당황했습니다.

"그런데 진짜, 엄마는 괜찮아."
"엄마, 그만해. 제발!!"

상담을 하면서 이런 가정을 매우 많이 보았습니다. 부부의 갈등에 자녀를 희생양으로 묶어놓고 고통을 주고 있다는 사실조차 인지하지 못합니다. 화가 나는 대로, 감정이 치솟는 대로, 자녀들은 부모의 기운에 따라 너울을 치는데 자신의 감정이 커서 아이들은 보이지 않습니다.

한 내담자는 어린 시절, 격렬하게 부부 싸움을 하는 부모님 곁에서 자신이 어떻게 해야 할지 몰라서 방 안에 틀어박혀서 게임을 했다고 합니다. 그런 자신에게 엄마는 비난을 퍼부었습니다.

"너는 엄마가 이렇게 심각한데 아무 생각 없이 게임이나 하고 있구나. 아빠가 하는 것 못 봤어? 너가 그러고도 자식이야?"

수십 년이 지난 지금도 내담자는 부모님의 싸움을 말리지 않고 게임을 한 자신에게 죄책감을 느끼면서 마음의 짐을 안고 있었습니다. 부모들은 가장 힘없고 약한 존재인 어린 자녀에게 이런 폭력을 스스럼없이 가하고 그것이 폭력이라는 것조차 깨닫지 못합니다.

'나는 잘했어, 나는 최선을 다했어'라면서 삶을 지탱해온 믿음에 균열이 생기자, 엄마 역시도 심리적 갈등 상황에 놓이게 되었습니다. 하지만 사랑하는 자녀들이기도 했습니다. 눈을 돌리니 무기력으로 한 발짝도 나아갈 수 없는 자녀가 보였습니다. 더 심각해지면 정신적인 이상 증세가 생길 수도 있는 상황이었습니다. 앞으로 살아가야 할 긴 인생이 펼쳐져 있고 그 인생의 역동을 힘차게 돌려야 할 때였습니다.

문제를 인지했다면 삶을 변화시킬 수 있는 가능성을 넓혀가면 됩니다. 메마른 가지에 따뜻한 햇살을 드리워 연한 새순을 돋우는 작업을 시작하는 것입니다. 때가 너무 늦어 잎이 모두 바스라지기 전에 용기 내어 그 일을 하면 됩니다.

해결 과제는 엄마의 행동 변화부터 시작하는 것이었습니다. 원가족으로부터 미분화된 모습을 인정하고 그런 본인의 모습이 현재 가정에 어떤 영향을 미치고 있는지를 스스로 깨달아야 했습니다.

🌱 불행의 대물림을
끊으려면

만약 아이들이 이 관계를 못 견디고 엄마와 관계를 단절해버리면 행복해질 수 있을까요? 아마도 그럴 수 없을 것입니다. 결혼을 해서도 늘 죄책감에 시달릴 가능성이 큽니다. 부모와의 관계는 놓아주기와 연결하기가 자연스럽게 이어져야 합니다.

부모의 심리적인 지원을 받지 못하면 정서적인 자원이 빈약해집니다. 그런 사람은 결혼생활도 삐걱거립니다. 남편이 무슨 이야기를 하면 더 서럽고 분노가 치밉니다. '어떻게 나한테 이럴 수 있어? 나를 무시하는구나' 무의식적으로 드리운 부모에 대한 분노가 남편에 대한 분노로 투사적 동일시를 통해 자꾸 나타납니다. 내 부모가 나에게 했던 못된 행동들, 못된 말들을 남편이 하게끔 만듭니다.

이 엄마의 예를 들어볼까요? 원가족에게 지원도 제대로 받지 못하고 애쓰면서 살아왔는데, 결혼해서도 평생을 남을 위해 퍼주었습니다. 그런데 결국에는 그렇게 싫어하던 아버지의 모습을 남편이 하고 있습니다. 이런 역동은 도대체 어떻게 이루어지는 걸까요? 결혼할 때는 아버지와 정반대인 사람을 찾습니다. 아버지와는 다르게 건실하고 도박 안 하는 사람. 처음에는

나의 다정하고 무례한 엄마

그런 사람을 만난 것 같습니다. 막내아들이니 권위적이지 않을 것 같고, 좋은 대학을 나와 큰 기업에 다니니 성실하고 능력이 있을 것 같습니다. 그런데 어쩌다가 아버지와 똑같은 모습을 발견하면 미칠 것만 같습니다. '그렇게 피하려고 했는데 당신도 우리 아버지와 똑같구나' 하면서 그 요소에 집중합니다. 아버지와 똑같은 사람으로 만들고 자신이 아버지에게 퍼붓고 싶었던 말을 남편에게 퍼붓습니다. 그렇게 실컷 퍼부으면 아버지에 대한 분노는 가라앉습니다. 이제 아버지를 이해할 수 있을 것도 같습니다. 이렇게 굉장히 왜곡된 형태의 화해의 작업이 이루어집니다. 그렇지만 이것이 제대로 된 해결 과정일까요? 왜곡된 화해를 위해 남편이라는 애매한 희생물이 생겨났습니다. 가족 심리학의 역동은 이런 형태의 모습을 띠게 됩니다.

자녀들도 아빠 같지 않은 사람을 결혼 상대자로 찾습니다. 그런데 살다 보면 이 패턴이 반복됩니다. 안타깝게도 이런 역동이 크게 작용합니다. 그래서 이 패턴을 끊는 의식적인 노력이 필요합니다.

행복 지수가 높은 사람에 대한 연구가 이루어졌습니다. "행복하기 위해서는 어떻게 해야 할까요?" 이런 질문을 던져보았습니다.

행복 지수가 높은 사람은 '어떻게 하면 행복할까'를 생각합니다. 그런데 불행을 많이 겪은 사람에게 "어떻게 하면 행복할까요?" 물으면 불행을 피할 방법만을 생각합니다. 무엇을 피해야 불행하지 않을까 하는, 회피 모드에 집중되어 있습니다.

행복한 사람은 삶에서 사소하지만 다양한 행복 접근 모드를 찾아 가동합니다.

산책길을 걸으니 행복하다, 아기가 웃어주니 좋다, 창문을 여니 바람이 상쾌해서 기분 좋다, 커피향을 맡으니 좋다, 점심메뉴를 잘 골라서 좋다…….

하지만 불행을 많이 겪은 사람들은 불행 회피 모드를 가동합니다.

남편이 술을 안 먹었으면 좋겠다, 큰소리가 나지 않았으면 좋겠다, 집안이 어지럽지 않으면 좋겠다…….

이렇게 피해야 할 요소에만 집중합니다. 행복 접근 모드가 많은 사람은 행복을 위한 접근이 쉽습니다. 지금 당장 하면 되니까요. 하지만 불행 회피 모드인 사람은 불행을 피하는 방법

나의 다정하고 무례한 엄마

에만 집중합니다. '술 마시면 안 돼' '담배 피우면 안 돼' '늦으면 안 돼' 그러다가 그토록 피하고자 했던 일이 생기면 극도의 화와 절망감이 몰려옵니다. '왜 또 술이야. 나한테는 왜 이런 일만 일어나는 거야.' 불행 회피 모드의 사람은 이렇게 더 깊은 불행에 빠져듭니다. 이런 불행의 대물림을 막기 위해서는 다른 관점의 접근이 필요합니다.

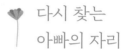
다시 찾는 아빠의 자리

다시 돌아와 극단적 단절이나 옭아맴이 아닌, 지금부터라도 이 자녀들이 더 건강하게 살 수 있도록 집중해야 합니다. 자녀들은 지금까지 보지 못했던, 엄마 마음속, 아빠 마음속에 숨어 있는 마음들을 볼 수 있어야 합니다. 엄마의 입장이 아니라 자기 자신의 시선으로 볼 수 있어야 합니다. '아, 그랬구나. 내가 알고 있는 것이 다가 아니었구나' 하고 그 마음이 재발견되면 그제야 자신을 괴롭혀왔던 상처와 화해할 수 있습니다.

악마였던 아빠의 모습이 조금은 달리 보입니다. 아빠의 자리가 생기기 시작한 것입니다.

'아빠가 그런 면만 있었던 것은 아니구나, 내가 생각한 사랑과 아빠가 생각한 사랑이 모양이 달랐구나, 아빠의 상황이 그렇게 좋지 않았구나.'

이런 새로운 발견들이 차곡차곡 내면에 채워지면서 좋은 자존감을 만들어갑니다. 그렇게 되면 이후에 배우자, 자녀와 관계를 맺을 수 있습니다.

상처가 많은 사람들은 심리적 보유고가 빈약해 예민할 수밖에 없습니다. 가벼운 말에도 '나를 무시하는구나' 분노가 치밉니다. '저런 말을 하다니, 어떻게 그런 말을 하지' 파르르 떨며 더한 가시로 상대방에게 상처를 줍니다. 심리적 보유고가 넉넉한 건강한 사람들은 똑같은 상황을 홀대로 받아들이지 않습니다. '저 사람이 오늘 기분 나쁜 일이 있었구나' 하면서 긍정적인 왜곡을 일으키고 나쁜 상황도 대수롭지 않게 만듭니다.

자녀들의 피폐해진 심리적 보유고를 넉넉하게 만들기 위해서는 우선 엄마의 노력이 필요합니다. 원가족에서 파생된 엄마 자신의 심리적 문제를 인지하고, 현재 가정에 미친 영향들에 대해 자녀들에게 진심 어린 사과와 이해를 구하는 것입니다.

"엄마가 참 힘들었나 봐. 아빠가 엄마를 지지해주지 않

아서 미웠거든. 이 갈등은 엄마와 아빠의 문제이고 감
정일 뿐인데, 오랫동안 너희까지 힘들게 했구나. 힘든
상황에서도 참 잘 자라준 너희들인데 이제 더 이상 상
처받지 않았으면 좋겠어. 미안하다."

그런데 성인이 된 자녀들이 "엄마, 그때 나한테 왜 그랬어?"
라고 하면 많은 엄마들이 "아휴, 그때 내가 얼마나 힘들었다
고" 하면서 자신의 입장만을 이야기합니다. 여전히 자신의 시
선에만 머물러 있죠. 자녀들은 다시 상처를 입게 되고 그렇게
악순환이 반복됩니다.

이럴 때는 내가 어떻게 하면 더 이상 자존감을 위협받지 않
고 더 나아가 당당히 존중받으며 자존감이 높아질 수 있을까를
고민하는 것이 필요합니다.

🌱 운명을 바꾸는 내 안의 힘

운명은 받아들이는 것이 아니라 만들어가는 것입니다. 제가
상담을 하면서 만나는 안타까운 상황 중 하나는 '나는 어쩔 수

없어' 하고 운명론에 빠진 사람들을 대할 때입니다. 이런 마음
은 인생의 키를 다른 사람에게 넘겨주고 남이 이끄는 대로 자
신의 삶을 내버려두는 것입니다.

불행의 대물림 역시 마찬가지입니다. 대물림은 어쩔 수 없이
내가 받아야만 하는 것이 아니라, 무의식적으로 내가 이어가고
있는 것입니다. 나에게 주어진 문제의 원인을 다른 곳으로 돌
리면 변화는 일어날 수 없습니다.

가족에게 상처를 받은 한 사람이 있습니다. 그 사람은 자신
에게 불행한 일이 생기면 자동적으로 그 원인을 부모 탓으로
돌렸습니다. '내가 자존감이 낮아서 그래. 부모 사랑을 못 받아
서 그래' 이렇게 똑같은 생각을 되풀이합니다. 문제에 숨겨진
근원을 보게 되면 다르게 접근할 수 있는데 이 생각에만 매달
려 있으면 불행은 끝없이 반복됩니다.

상담을 하면서 만났던 한 여성은 좋음과 싫음이 극단적으로
갈리는 모습을 보였습니다. 남에 대한 평가도 그랬지만 자신에
대한 상도 너무나 극단적이었습니다.

"저는 할 줄 아는 게 아무것도 없어요."
"저는 제가 너무 싫어요."

낮은 자존감을 여지없이 드러내다가도 '나는 우월한 사람이야' '내가 어떤 사람인데? 나를 감히 안 좋아해?' 하면서 남들의 시선에 매우 예민하게 반응하고 자기 방어와 자기 보호로 가득한 모습을 보였습니다. 이런 극단적인 자아상은 자신이 맺는 관계에서도 나타났습니다. 다가설 수도 멀어질 수도 없게끔 상대방을 대했던 것이죠. 이런 모순이 걸림돌이 되면서 자꾸만 사랑하는 사람과의 관계가 좌절되고 있었습니다. 그때마다 그녀는 "저는 태어나지 말았어야 해요. 태어나길 그렇게 태어났어요. 제 삶은 희망이 없어요" 하면서 자신의 삶은 정해져 있다는 자괴감에서 헤어나지 못했습니다.

그녀가 보이는 태도를 거슬러 올라가면 상처받기 싫은 두려움 때문에 모순된 행동을 보이며 다른 사람과 관계를 맺지 못하는 이유가 커 보였습니다. 마음속 더 깊은 곳에 자리 잡은 '사랑받고 싶다'는 무의식의 확인이기도 했습니다. 그런 그녀에게 제가 일관적으로 이야기했던 것은 삶은 정해진 것이 아니며 운명을 바꾸는 힘은 자신에게 있다는 것이었습니다.

그녀는 자신은 준비되지 않은, 원하지 않은 자녀라는 생각으로 괴로워했는데 알고 보면 양가 집안의 반대를 무릅쓸 만큼 부모가 열렬히 사랑해서 태어난 사랑의 결과이고 엄마가 어린 나이에도 끝내 자녀를 지키고 그 힘으로 사업까지 일구어낼 수 있게 만든, 특별한 존재라는 것을 강조하면서 과거 기억을 새롭게 만들어냈습니다.

그리고 그녀가 가진 수많은 기억 중에 부모와의 기억을 다시 찾아 재생하도록 했습니다. 사랑받지 못한 것보다 사랑받은 기억을 끄집어내 사소해 보일지라도 따뜻한 이미지가 떠오른다면, 그것을 깊이 받아들이고 되새기도록 한 것입니다. 그러면 그 기억은 마음속에 안식처를 만듭니다. 반복적으로 그 이미지를 심어주고 경험하게 하면서 자아상을 긍정적으로 만드는 것에 집중했습니다. 미처 인식하지 못했던 과거를 새로운 관점으로 이해하게 되자 그녀는 한층 밝아진 얼굴로 자유로움을 느낀다고 말했습니다.

"좀 더 나를 살필 수 있는 힘이 생긴 것 같아요. 남이 주는 상처에 덜 예민해진 것 같아요."

오래된 상처를 뒤덮을 만큼 과거의 기억에서 자신과 맞닿고, 원하는 이미지를 찾아 새로운 발견을 하는 것이 치유의 시작이 될 수 있습니다. 이 감정을 반복적으로 느끼게 되면 뇌의 구조가 달라지면서 긍정 호르몬의 분비가 촉진됩니다. 인간의 마음이 그렇습니다. 이런 마음이 뇌를 움직이고, 참으로 묘하고 강

나의 다정하고 무례한 엄마

한 회복력을 발휘하게 합니다. 간절히 소망하는 이미지를 떠올리는 경험을 반복하면서 우리는 새로운 자신과 만날 수 있습니다.

사랑이
필요한
어른아이

🌱 엄마가 죽도록
미워요

　엄마에 대한 미움으로 가득 차서 엄마 이야기를 하지 않으면 도저히 견디지 못하겠다고 저를 찾아온 내담자가 있었습니다. 건실한 남편, 똑똑한 아들, 인정 많은 시부모님, 자상한 아버지가 있지만 한 명의 존재가 자신의 삶을 너무 괴롭힌다고 호소했습니다. 그 존재는 바로 미치도록 미운 엄마였습니다.

　이 여성은 어렸을 때부터 줄곧 모범적인 삶을 살았습니다. 집안은 모두 지적인 욕구가 높아 학자의 길을 걸었고, 자신도 연구소의 책임자로 일하고 있었습니다. 엄마는 1960년대에 명문대학을 나온 엘리트이기도 했습니다. 엄마는 자기만 알고 이기적인 사람이라 성장하는 내내 집안은 돌보지 않고 오로지 자신을 위한 일만 했다고 했습니다.

그녀는 쏟아지는 학회일과 연구 활동으로 바쁘면서도 부모는 자신이 모셔야 될 것 같아 줄곧 대가족으로 살고 있다고 했습니다. 그런데 나이 들어서도 엄마가 저렇게 밖으로 돌고 집안을 돌보지 않으니 분통이 터진다고 했습니다.

> "제가 얼마나 바쁜지 아세요? 일 하면서 아들 챙기랴,
> 남편 챙기랴. 게다가 나이 드신 아빠까지 챙기려니 몸
> 이 열 개라도 모자랄 것 같아요."

많이 바라지도 않는다고 했습니다. 아빠 식사라도 챙겨주면 자신이 이렇게 스트레스를 받지는 않겠다고 호소했습니다. 엄마가 그렇게 나이가 드셨는데도 철이 없다면서 어떻게 그럴 수 있는지 도저히 이해가 되지 않는다며 말이죠.

엄마에 대한 화와 분노가 머리끝까지 차올라 여기저기 터져 나오는 듯했습니다. 특히 왜 엄마가 아빠를 챙기지 않는지 모르겠다면서 엄마가 안 챙기니 내가 챙겨야 되는데 버겁기만 하다고 했습니다. 나이 드신 아빠가 여전히 대접받지 못하는 게 너무 안쓰럽다는 말도 덧붙였습니다.

평소 엄마의 생활 신조는 "나는 지적인 여자야. 가사 일은 절대 안 해"였다고 합니다. 엄마는 자신의 생활 신조에 따라 집안일보다 더 고차원적인 일을 찾아 외부 활동에만 집중하고 있었습니다. 그런 엄마를 보고 자라면서 그녀가 마음속에 새긴 신조는 "나는 엄마처럼 살지 않는다"였습니다. 엄마처럼 살지 않기 위해 집안 살림도 잘 챙기고 가정도 살뜰히 돌보며 사회 활동까지 거뜬히 해내는 등, 여러 역할을 하느라 그녀는 에너지가 바닥난 듯 보였습니다.

그녀의 아버지는 지금은 은퇴했지만 사업이 잘돼서 안정적인 수입을 가진 자산가이기도 했습니다. 굳이 본인이 나서서 식사를 챙겨주지 않아도 가사도우미의 도움을 받거나 다른 가족에게 역할을 나누면 해결될 문제이기도 했지만 그녀의 생각은 달랐습니다. 그녀는 보이지 않는 힘겨운 싸움을 하고 있는 듯했습니다.

엄마는
웃지를 않아

그렇게 바쁘게 살던 어느 날, 아들이 자신에게 내뱉은 말에

나의 다정하고 무례한 엄마

정신을 차릴 수 없었다고 합니다.

"엄마가 평소에 웃는 걸 못 봤어. 엄마가 날 사랑하는
지 모르겠어. 말로는 사랑한다고 하는데 나는 그게 잘
와 닿지가 않아."

엄청난 충격이었습니다. 얼마나 애를 쓰며 키웠는데 그런 말
을 할까. 발품 팔며 교육 정보를 얻어서 최고의 교육을 받게 해
주었고 무엇보다 그렇게 종종거리며 살면서도 아들에게 밥 한
끼 안 해준 적이 없었습니다. 자신은 그토록 원했지만 얻을 수
없는, 따뜻한 밥 한 끼였는데도요.

"엄마가 너한테 해주는 걸 보고도 그런 소리를 하니?"
"엄마, 난 숨이 막혀. 엄마랑 있는 게 편하지가 않아."

그토록 헌신했던 아들에게서 그런 말을 들으니, 엄마에 대한
미움이 더 커졌습니다. 내가 왜 이렇게 애를 쓰고 살게 되었을
까. 아들에게 왜 이런 말을 들어야 되는 걸까. 모든 것은 엄마
때문인 것 같았습니다.

"아이가 태어나니 더욱 엄마가 이해되지 않았어요. 아이의 모든 것이 이렇게 예쁘고 사랑스러운데 엄마는 도대체 나한테 왜 그랬을까. 엄마를 생각하면 분노가 올라와요. 지금도 정말 이해되지 않아요. 자랄 때는 다른 엄마도 다 이런 줄만 알았거든요. 그런데 아이를 낳아보니 아니더라고요."

주고 싶은 것만 보이는 게 아이인데 엄마는 어떻게 나에게 그랬을까 싶었습니다. 아이를 키우면서 자신이 못 받은 것에 대해 자신의 아이는 결핍이 없도록 애쓰면서 살았는데 오히려 그것이 아이를 갑갑하게 만들었던 것 같다고 했습니다. 그녀는 엄마를 닮지 않고 아이에게 잘하려고 했지만 결국 자신도 좋은 엄마가 아니었다는 사실에 큰 충격을 받은 듯했습니다.

원가족에서 해결되지 못한 문제는 부부관계와 자녀관계에서 반복됩니다. 가장 먼저는 부부관계에서 경고등이 켜집니다. 사람들은 무의식적으로 자신이 가진 자존감의 크기 정도로 배우자를 선택합니다. 내가 사랑받지 못했으면 상처의 크기가 비슷한 사람을 선택하게 됩니다. 안타깝게도 결핍을 안고 있는 서로가 만나 원가족에서 가지고 온 문제를 가지고 부딪히고 갈등을 만들어냅니다.

나의 다정하고 무례한 엄마

자신은 사랑을 덜 받았지만 안정 애착으로 심리적으로 건강한 배우자와 결혼하기도 합니다. 크고 작은 위기도 있었지만 다행히 부부관계는 무난하게 흘러갑니다. 그런데 이 문제가 자녀와의 문제에서 다시 수면 위로 부상합니다. 원가족에서 해결되지 않은 문제는 밑에 고여 있을 뿐입니다. 원가족에서 부부관계로, 부부관계에서 자녀관계로 갈등 요인은 계속 숨어 있습니다.

아이를 낳게 되면 아이가 성장을 하면서 그 나이에 있던 자기 자신을 만나게 됩니다. 아이가 다섯 살이면 나의 다섯 살이 떠오릅니다. 그러면서 과거의 나와 비교하게 되고 심리적으로 불편해집니다. 그러다가 문제 상황으로 크게 부각될 때가 있습니다. 아이가 별다른 문제없이 잘 자랄 수도 있지만 아이에게 문제가 생겼을 때 이 갈등은 두드러지게 됩니다.

아이가 떼를 쓰거나 거짓말을 했을 때, 심리적으로 안정적인 사람은 관대하고 여유 있게 반응합니다. 아이가 문제를 일으켜도 '완벽한 사람이 어딨어. 철없이 굴 수도 있지' 하고 이 문제를 위기로 보지 않습니다. 하지만 원가족으로부터 심리적 지원을 받지 못한 사람의 반응은 다릅니다. 자신이 받지 못한 사랑을 채워주기 위해 혼신의 힘을 다해 아이를 키웠는데 아이가 그러면 아이가 너무 밉고 세상이 무너집니다. 얼마나 너를 위해 희생하고 애를 썼는데 어떻게 너가 이럴 수 있냐면서 분노가 치밉니다. 그러면 아이는 혼란스럽습니다. 엄마에 대한 상이 갈피를 잡을 수 없습니다. 이렇듯 지나치게 애를 쓰고 힘이 들어간 관계, 그래서 자연스럽지 않고 불편한 관계는 엄마와 자녀 모두 상처가 됩니다.

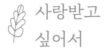 ## 사랑받고 싶어서

그녀와의 상담에서 두드러진 주제가 있었는데, 바로 '밥'이었습니다. 상담을 와서 저에게 가장 먼저 했던 말도 "저희 엄마는 저에게 밥 한 번 해준 적이 없어요"였습니다. 자신도 왜 그런지 모르겠다고 하면서도 밥에 대한 불만은 끊임없이 쏟아졌습니다.

심리 상담에서 밥은 매우 자주 등장하는 갈등 주제입니다. 흔히들 남편들은 아내에게 '따뜻한 아침밥'을 해주지 않는다고 불만을 토로합니다. 아내의 입장에서는 밥 한 끼로 무슨 큰 일이 벌어진 것처럼 난리를 치는 남편이 이해되지 않고 그렇게 아쉬우면 본인이 해결할 일이라고 생각합니다. 그런데 이 밥

나의 다정하고 무례한 엄마

은 심리적인 측면에서 보면 단지 배고픔을 해결하기 위한 단순한 한 끼가 아니라 상대로부터 받는 정서적 경험입니다. 어린 시절, 밥을 통해 엄마로부터 받은 보호와 안정의 경험을 아내에게도 기대하는 것이죠. 남자들이 여자에게 바라는 것이 밥인 것처럼 여자들은 남자에게 보호를 바랍니다. 이런 심리적인 상징이 안전하게 나를 챙겨주고 지켜준다는 생각을 갖게 만드는 것이죠.

"따뜻한 밥 한 끼, 그게 뭐 어렵나요? 어렸을 때부터 지금까지 그렇게 악착같이 밥 안 해주는 엄마가 너무 미워요."

어느 날이었습니다. 집에 돌아오니 따뜻한 밥 한 상이 차려져 있었습니다. 순간 엄마가 한 밥이라는 생각이 들었습니다. 맛을 보니 썩 훌륭한 음식 솜씨는 아니었지만 그래서 더욱 엄마가 한 밥이란 생각이 들었습니다. 이상하게도 밥을 먹으면서 엄마에 대한 미움이 사라지고 용서의 마음이 들었습니다. '그래, 이거면 됐다' 단지 밥 한 끼로 엄마에 대한 사랑을 확인받는 기분이었습니다.

그런데 그날 저녁에 그 밥이 엄마가 한 음식이 아니란 것을 알았습니다. 그게 뭐라고, 하늘이 무너지는 기분이었습니다. 배신감이 거센 파도처럼 밀려와 마음을 갈기갈기 헤집어놓았습니다. 한껏 기대했다가 사랑을 빼앗긴 아이처럼 방 안으로 들어가 도무지 한 발짝도 움직이고 싶지 않았습니다. 꼭꼭 숨겨놓은 자신의 맨얼굴을 들킨 느낌, 초라함을 견딜 수 없었습니다.

어린 시절의 기억이 떠올랐습니다. 학교에서 돌아오면 언제나 집에는 엄마가 없었습니다. 공부도 잘한 우등생이었지만 자신은 뭔가 부족해서 끊임없이 채워야 하는 강박에 시달렸던 것도 엄마의 빈자리 때문인 것 같다고 했습니다.

성장 과정을 돌아보면 늘 메마른 느낌이 났습니다. 부모님은 늘 싸우셨고 어렸을 때부터 자신이 나서서 싸움을 멈추고 화해를 시켜야 했습니다. 엄마가 엄마 역할을 안 하니 어렸을 때부터 자신은 물론 어린 동생들까지 거두며 집안을 단속했습니다. 보호받지 못한다는 느낌이 강했고 엄마 대신 가족을 챙겨야 된다는 의무감에 시달렸습니다. 그러다 보니 수시로 일상의 모든 것을 확인하고 점검하는 완벽주의 성향이 강해졌습니다. 항상 예민하게 곤두서 있어서 일상이 피곤했고 남들과의 거리가 좀처럼 좁혀지지 않았습니다.

그런데 이상하게도 힘든 일, 나쁜 일이 생길 때 엄마가 가장 먼저 생각나며 원망과 분노의 마음이 차올랐지만, 좋은 일, 축하받고 싶은 일이 생겼을 때도 가장 먼저 엄마가 떠올랐습니다. 내게도 마음 편히 쉬어갈 곳이 있었으면 하는 마음, 그저 따뜻하게 안겨 투정 부리고 싶다는 바람, 나이가 들어도 그 마음이 사그라들지 않는 것이 이해되지 않았습니다. 이만하면 참 잘 컸다고, 사랑하는 딸, 자랑스러운 딸이라는 엄마의 이야기가 듣고 싶었습니다.

엄마의 재발견

자녀를 방치한 채, 자신의 욕구를 찾아 헤매는 엄마. 그렇다면 이 여성의 엄마가 왜 이렇게 인정 욕구에 목말라하고 가정을 등한시하며 겉도는지 그 뿌리를 찾아야 했습니다.

이 엄마 역시 불안정한 가정에서 성장했습니다. 아버지는 집안을 돌보지 않았고 아들 위주의 남녀차별의 가정 환경 속에서 방치되어 자랐습니다. 유일하게 돋보일 수 있는 것은 뛰어난 학업 성적이었습니다. 그 시대의 분위기에 따라 남자 형제들을 위해 공부를 많이 할 수 없는 집안 분위기였지만 악착같이 더 공부에 매달렸습니다. 그것이 이 엄마에게는 자신만의 생존 전략이었고 인생의 희망이었습니다. 능력 있는 남편을 만나 경제적인 상황은 걱정이 없었지만 항상 자신의 위치에 만족할 수 없었습니다. 일을 더 하고 싶었지만 첫째아이를 낳고는 더 이상 직장에 다닐 수 없었습니다. 당시의 당연한 사회 분위기였습니다. 그것은 그녀를 지탱해오던 자신감의 축을 흔들리게 했습니다. 그리고 집안일을 하면 도태된다는 강박에도 사로잡혔습니다. 자기 논리에 따라 아이를 방치했고 상처를 주었습니다. 집에서 자신의 역할을 찾지 못했고 자신의 자리는 점점 없어졌습니다. 엄마는 자녀를 돌보고 사랑을 주어야 하는 어른이 아니라 여전히 자기 가치를 인정받기에 갈급한 심리적인 어린아이였습니다. 인지적으로 발달했으나 정서적으로 발달하지 못한, 사랑을 줄 수 없는 사람이었던 것이죠.

내담자는 반 년가량 진행된 상담을 매우 성실하게 임했습니다. 모범생의 기질이 상담에서도 나타났는데 처음에는 경직된 모습을 보였지만 점차 상담이 주는 영향을 생활 속에서 유연하게 받아들이는 모습이었습니다.

그녀는 가슴속에 억눌린 이야기가 가득했습니다. 절제된 삶으로 표현을 하지 않는 사람이었기에 그 속에 쌓인 감정이 매

나의 다정하고 무례한 엄마

우 많을 수밖에 없었습니다. 표출되지 않는 화는 결국 쌓이게 마련입니다. 저는 그녀의 억눌린 이야기들을 많이 듣는 것에 중점을 두고 그녀가 그동안 쌓인 분노와 서운함의 감정을 토해낼 수 있도록 도와주었습니다. 그녀에게는 어떤 편견과 판단 없이, 오로지 상대방을 이해하는 마음으로 깊게 지켜봐주는 그 자체의 시선이 필요했습니다. 그렇게 그녀는 상담을 하러 오면 한참 동안 억울한 감정을 쏟아냈습니다. 감정을 쏟아내고 난 뒤, 그녀에게 마음의 여유가 생겼을 때 저는 다시 그녀 안에 있는 마음의 끈을 이어주었습니다.

"많이 서운했겠네요. 엄마의 내리사랑을 받고 싶었는데 그러지 못해서 본인이 감당해야 했던 삶이 너무 외로웠겠어요. 지금도 엄마의 사랑을 느껴보고 싶어서 자신도 모르게 마음이 엄마에게 향하고 있어요. 그런데 엄마가 사랑을 줄 수 없었던, 구조적인 특징도 이해할 필요가 있습니다."

한껏 감정이 표출되면서 그녀의 마음도 조금씩 여유가 생겼습니다. 엄마를 너무 많이 미워했지만 엄마가 그렇게 된 심리적인 구조를 이해하게 되면서 마음의 문이 열리기 시작했던 것입니다.

그러던 어느 순간 그녀에게 엄마의 외로움이 보였습니다. 그동안은 오로지 엄마에 대한 분노가 가득했는데 아빠가 자녀들을 모두 자기 편으로 끌어들여 엄마의 자리가 없었다는 것을 알게 되었습니다. 엄마는 집에서 철저한 외톨이였습니다. 엄마의 이야기를 들어주는 사람은 아무도 없었고 이미 집에서는 '나쁜 사람'으로 낙인찍혀 수십 년을 외면당하고 지냈습니다. '아빠는 좋은 사람, 엄마는 나쁜 사람', 이런 분류는 이 가정의 뿌리 깊은 구조였습니다.

저는 천천히 잘못된 삼각관계에서 자유로워질 것을 요청했습니다.

"아빠에 대한 과도한 책임감에서 벗어나세요. 그건 엄마의 몫이에요. 그 모든 것을 자신이 감당할 필요는 없어요."

"제가 벗어날 수 있을까요? 너무 오랫동안 그렇게 살아왔어요."

"그럼요. 할 수 있어요. 척박한 환경에서도 너무 잘해왔는걸요. 부모님도 자신을 지킬 힘이 있고, 당신도 그럴 힘이 충분히 있어요."

아빠를 챙기는 것이 그녀의 몫이 아니란 것을 인지시킨 후 이 삼각관계에서 빠져나올 수 있도록 했습니다. 이때 부모의 어두운 면보다는 엄마, 아빠 각각의 가족이 가진 좋은 점과 잠재된 힘을 다시 볼 수 있도록 도와주었습니다.

분리는 완전한 단절이 아닙니다. 연결과 놓아줌이 동시에 이루어지면서 자연스러운 분리가 이루어져야 합니다. 이렇게 부모와의 적절한 거리 두기가 되면 자녀와의 관계도 조금 더 편해질 수 있습니다.

죽도록 미워하는 사람의 특징

엄마가 죽도록 밉다고 호소하는 사람들을 많이 봅니다. 그럼에도 엄마를 놓지는 못합니다. 계속 붙어 있으면서 끊임없이 싸웁니다. 엄마를 떠나지 않고, 못 받았던 사랑을 달라고 호소합니다. 그러다가 부모가 도움을 청하면 맥없이 휘말립니다. 왠지 자신이 잘하면 사랑을 받을 것도 같습니다. 그러나 엄마는 달라지지 않습니다. 분노하고 억울해하면서도 이를 끊을 수 없는 것은 왜 그럴까요?

양가적 저항 애착 유형의 경우가 그렇습니다. 본인은 부정적인 기억만 있다고 생각하지만 기억 저편 어딘가에는 부모의 좋은 기억이 있는 것입니다. 그것 때문에 포기하지 못합니다. 내가 더 잘하면 달라질 것이라는 기대를 합니다.

이 여성은 이미 중년이 되었지만 여전히 엄마를 떠나지 못하고 그 옆에서 사랑을 달라고 호소하고 있었습니다. 어린 시절 방치된 채 자랐기 때문에 회피적 애착의 형태를 띠면서 양가적 저항 애착이 혼합된 불안정 애착 유형이 된 경우였습니다.

"어린 시절로 다시 돌아가, 엄마에게 받은 좋은 기억이 있을까요?"

"아, 사실 상담을 하면서 계속 생각나는 게 있었어요. 그렇다고 엄마가 좋다는 것은 아니지만, 그 기억을 떠올리면 마음이 편안해져요. 엄마가 동생이랑 제가 잠들기 전에 가끔씩 저희 곁에 와서 그리스 신화 이야기를 해주었어요. 신들의 이야기와 거기에 얽힌 감정들이 너무 생생하고 실감나게 느껴져서 동생이랑 또 해달라고 졸랐던 기억이 나요."

"어머니가 그런 면이 있으셨군요. 어머니의 이야기도 궁금하네요."

나의 다정하고 무례한 엄마

엄마와 쌓은 좋은 기억이 있다는 것을 주저하며 말하면서도 자신도 놀랍다는 반응이었습니다. 그것이 사랑일까, 우연인 것은 아닐까, 반문하면서도 그 이야기를 하는 순간, 그녀의 표정은 행복해 보였습니다. 그녀에게도 엄마는 있었습니다.

이것은 그녀에게 숨어 있는 긍정의 기억을 찾아가는 과정이었습니다. 상처가 너무 깊거나, 방어막이 두터우면 감정도 억압이 되어 있습니다. 그렇게 되면 상처도, 긍정의 기억도 나오지 않습니다. 하지만 상담이 진행되면서 쌓아온 감정을 표현하고, 가족의 역사를 이해하면서 그녀에게도 조금씩 변화가 생기기 시작했습니다.

상담이 후반기에 접어들면서 점차 그녀의 얼굴이 밝아짐이 보였습니다. 그녀는 우선 밥에 대한 의무감에서 벗어났다고 했습니다.

"왜 그렇게 밥에 연연했는지 모르겠어요. 제가 안 하면 큰일이라도 날 것처럼 말이에요."

엄마에 대한 분노에서 조금씩 벗어난 그녀는 지금껏 자신을 짓눌러온 각종 의무들에서 자유로워질 준비를 하고 있었습니다. 자신이 꼭 가족들의 밥을 챙겨줄 필요가 없다는 것을 인식하고 다른 사람의 도움을 받기로 했습니다. 그리고 오히려 자신이 해준 밥보다 가족들이 밥을 더 잘 먹는다며 멋쩍은 웃음을 보였습니다.

그리고 자신에 대한 상이 달라졌다고 고백했습니다.

"아무도 저를 휘두를 수는 없다는 단단함이 제 안에 생긴 것 같아요. 그전에는 남들에게 흠 잡히지 않으려 애를 썼는데 요즘은 편해졌어요. 처음에는 잘 안 되었는데 점차 달라지더라고요. 스스로 대견스러워요."

그녀는 곧 부모님과 세대 분리를 하려고 한다고 했습니다. 아이 교육을 핑계로 부모님을 놓지 못한 것은 오히려 자신이었던 것 같다며 이제는 마음의 준비가 되었다는 말을 전하며 미소를 지었습니다.

나의 다정하고 무례한 엄마

사랑을 달라고
호소하는 어른아이

몸은 이미 어른이고, 중년의 몸을 하고 있어도 부모에게 사랑을 달라고 호소합니다. 과거 기억을 돌아보면 참으로 서럽습니다. 사랑에 굶주렸던 서글픈 이야기들만 올라옵니다.

사랑이 일관적이지 않고 미성숙한 부모일지라도 대부분의 부모는 자녀에게 사랑을 줍니다. 자녀에게 주는 사랑은 본능이기 때문입니다. 그런데 왜 돌아보면 이렇게 부정적인 생각만 떠오르는 걸까요? 어린아이는 아직 자신을 지킬 힘이 약합니다. 안전을 위협받으면 본능적으로 방어 기제를 만들어 경계 태세에 들어갑니다. 스스로를 지켜야 한다는 본능적인 반응을 일으키는 것입니다. 무의식적으로 우리의 뇌는 방어 기제를 만들 때 행복과 즐거움의 기억보다 불안과 두려움, 상처, 괴로움의 부정적인 기억에 더 예민한 촉수를 드리우는 것이죠. 그렇게 되면 긍정적인 기억과 경험은 우리 의식 저 너머로 모습을 감추어버립니다. 전혀 손에 닿지 않은 채로 보이지도 느껴지지도 않습니다. 그러면 우리는 생각합니다.

'나에게는 좋은 일이 없었구나. 난 참 사랑을 못 받았구나. 아무리 생각해봐도 우리 부모는 나에게 해준 것이 하나도 없었구나.'

그리고 이것만을 생각하며 스스로를 보호합니다. 하지만 본 마음은 그렇지 않습니다. 방어벽을 높이 세운 무의식 아래에서는 부모에게 사랑받고 싶다는 간절한 바람이 자리하고 있습니다. 하지만 부모와의 따뜻하고 행복한 기억을 떠올리는 순간, 상처를 입고 위험에 빠진다는 두려움으로 그 마음을 쉽사리 드러낼 수 없습니다. 그래서 우리는 우리의 상처를 치유해줄 수 있는 그 소중한 기억을 무의식적으로 억누르고 억압합니다. 그렇게 우리의 마음은 부정적인 기억만을 남기고, 긍정적인 기억은 놓쳐버리고 맙니다.

그렇다면 우리 안에 잠든 긍정적인 기억을 어떻게 살려놓을 수 있을까요? 인간이 가진 감정은 매우 다양합니다. 인간이 가진 감정 중에 절대로 나쁜 감정은 없습니다. 무서움, 공포, 두려움, 이것도 모두 소중한 감정입니다. 그 감정들을 하나씩 존중해주는 것입니다.

'할머니한테 맡겨놓고 한 번도 날 보러 안 와봤을 때 정

나의 다정하고 무례한 엄마

말 외로웠지.'

'엄마가 오빠 보는 앞에서 날 때렸을 때 속상했지.'

'공부도 잘했는데 등록금 대달라고 했을 때 거절했을
땐 정말 서러웠지.'

'갑자기 비 오는 날이면 다들 엄마가 우산을 가져와서
데려갔는데 나는 늘 비에 젖어 집에 갔지.'

외로움, 분노, 서러움, 여러 감정들이 살아납니다. 이렇게 이
야기를 해주면서 감정을 인정하고 존중해주면 그 감정이 잠잠
해지고 그동안 눌려 있던 사랑, 희망, 존중, 감사 등 다른 감정
이 살아납니다.

'화낼 가치도 없어. 이미 지나간 일, 생각하면 뭐 해.'

이렇게 올라오는 감정을 눌러놓으면 긍정적인 감정까지도
모두 억눌러버립니다. 무시당하고 있는데도 잊어야지, 분노해
야 되는데도 참아야지, 불안한데도 괜찮아, 하면 우리의 몸은
순환이 되지 않습니다. 아픈 곳을 꽉 누르게 되면 창백할 수밖
에 없고 생기가 없는 사람이 됩니다. 이것을 살려내야 합니다.

이 감정들은 인간이 살아가게끔 만들어놓은 자연의 순리입

니다. 그래서 모든 감정은 다 의미가 있습니다.

'무시하면 발끈해도 돼, 위험할 땐 소리쳐, 화가 나면
이야기해, 슬플 땐 울어도 돼. 왜냐면 난 소중한 존재니
까.'

소중한 존재이기에 이 감정이 필요한 것입니다. 내가 소중한
사람이 되려면 '내 감정이 이랬구나, 제대로 바라봐 줄걸' 하면
서 그 감정을 인정하고 어루만져줍니다.

그렇게 나를 소중하게 여기면 긍정의 기억이 슬며시 나를 감
싸게 됩니다. 내가 소중해지니 부정적인 기억으로 아프고 두려
웠던 상처가 크게 다가오지 않습니다.

'침대에서 떨어져서 다쳤을 때 엄마가 한겨울에 맨발
로 날 업고 뛰어갔지. 그때 엄마 등이 참 따뜻해서 무섭
지 않았어.'
'시험 망쳤을 때 엄마가 말없이 안아줘서 눈물이 왈칵
쏟아졌는데.'
'홍역으로 아팠을 때 엄마가 밤새 뜬눈으로 내 옆에서
나를 지켜주었지.'

　　　　　　　　　　　　　　　나의 다정하고 무례한 엄마

이제 과거의 기억이 다시 쓰여집니다. 부모를 어떤 이미지로 생각하느냐에 따라 삶의 질이 달라집니다. 사랑도 고팠지만 사랑도 받았던 한 아이가 내 앞에 서 있습니다. 이제 절망하고 스스로 움츠러들 필요가 없습니다. 나는 사랑받는 특별한 존재이기 때문입니다.

차별은
모두에게
아프다

왜 나만 미워해

아이를 낳으면 인생의 새로운 국면을 맞이합니다. 아이에게 모든 사랑을 퍼줄 것 같지만 아이에게 사랑만 주는 것이 아니라 자신의 결핍을 주기도 합니다.

그중에서 자녀들에게 가장 상처가 되는 것은 차별입니다. 부모들은 의식하지 못하지만 차별로 아이에게 상처를 주는 가정을 수도 없이 봅니다. 여러 아이 중에 가장 약한 존재, 또는 자신이 가장 의지하는 존재를 한 명 선택해서 사랑을 주거나 감정을 쏟아냅니다. 이것을 가족 희생양Family's Scapegoat이라고 부릅니다.

자녀가 성장해서 억울한 마음이 가시지를 않아 목소리를 내어 엄마에게 말합니다.

"엄마, 그때 나한테만 왜 그랬어? 동생한테는 안 그랬
잖아. 나 그때 많이 서러웠어."
"무슨 말이야. 난 똑같이 사랑했어. 안 그랬어."
"맨날 나만 야단치고 그랬잖아."
"네 동생은 어리고 좀 더 큰 너가 맞춰주는 거지. 아직
도 그러니? 너도 참 철없다."

자녀는 차별받은 설움에 힘들었는데 엄마의 기억에는 없습
니다. 똑같이 대했는데 얘가 왜 이러나 의아한 표정입니다. 하
지만 행동에 대한 정의는 주는 사람이 내리는 게 아니라 받는
사람이 내리는 것입니다. 상처의 기억을 안고 있다면 부모는
무의식적으로 알게 모르게 자녀에게 상처를 주었던 것입니다.
그런데 형제자매 간의 차별은 자녀에게 유독 가슴 시린 상처를
남깁니다.
가족 희생양이라는 개념은 가족의 갈등 상황에서 가족 구성
원 중 한 명을 희생양으로 이용하여 가족의 구조를 유지하는
데서 기인합니다. 가족 희생양이 만들어지는 시작은 부부 갈

등, 즉 부모의 문제에서 출발합니다. 부모의 불안, 엄마의 불안을 자녀에게 돌림으로써 긴장 상태를 완화하는 것이죠.

가족 희생양의 개념은 자녀 차별과도 맞닿아 있습니다. 엄마의 불안을 자녀에게 전가시키며 부부 갈등이 일어났을 때 자녀를 문제아로 만들어서 시선을 돌린다거나 여러 자녀들 중에 유독 약한 아이에게 이 감정을 투사해서 갈등을 해결합니다. 결국 엄마의 불안을 스스로 해결하지 못하고 자녀에게 전달하거나 자녀의 문제로 만들어버립니다. 부모, 특히 엄마에게 선택된 가족 희생양은 형제자매들과 같은 부모를 두었지만 다른 양육 환경에서 자란 것과 마찬가지이므로 정서적으로는 다른 부모를 둔 것입니다.

자신을 미운오리새끼라고 말하는 사람이 있었습니다. 어렸을 때부터 부모님이 싸우면 엄마의 감정을 받아내야 했다고 말했습니다. 무차별적이고 격한 감정을 받아내는 것은 일상이었습니다. 부모 눈을 거스를까 전전긍긍 숨죽여 살아온 자신과는 달리, 동생들은 자신이 하고 싶은 것을 부모 눈치를 보지 않고 거침없이 했다고 합니다. 자신은 당연히 요구할 수 있는 것도 지레 포기하고 접어야 했는데도 말이죠. 그런 동생들을 보면서 '저렇게 살아도 되는 거구나' 한 대 맞은 기분이 들었다고 했습니다. 다 큰 성인이 되어서도 여전히 자신에게만 감정을 쏟아

나의 다정하고 무례한 엄마

내는 엄마에게 하루는 용기를 내서 그러지 말아달라고 했더니 돌아오는 엄마의 말은 "내가 뭘 어쨌다고 그러니? 자식이 그 정도 이야기도 못 들어주니?"였습니다.

부모는 자녀에게 어떤 상처를 주고 있는지 잘 인지하지 못하기도 합니다. 시작은 부모지만 그 상처는 아이가 안고 성장합니다. 해결되지 않은 상처는 어딘가에 고여서 또다시 가족의 슬픈 역동을 만들어냅니다.

건강한 사랑은 공평하다

부모가 유독 자신만 미워해서 고통을 받았다고 토로한 부인이 있었습니다. 위로 언니가 있었는데 엄마가 언니를 너무나 편애해서 자신은 있으나마나한 존재였다고 합니다. 무한대의 사랑이 저런 것이구나, 느낄 정도로 엄마의 사랑은 언니에게만 집중되었고, 반면 자신은 소심하고 쭈뼛거린다며 항상 타박을 당했다고 합니다. 어린 시절 초등학교 졸업식에 온 엄마가 어떻게 너만 그렇게 볼품이 없냐며 막말을 퍼부어서 충격을 받기도 했습니다.

그런데 성인이 되어 언니와 자신의 처지가 바뀌었습니다. 불안정한 생활을 하는 언니에 비하여 결혼을 한 뒤 여유 있게 살고 있는 자신에게 엄마는 끊임없이 무언가를 요구하는 상황이었습니다. 부인은 자기만 아는 이기적인 엄마를 볼 때마다 속에서 천불이 나는 것 같다는 표현을 했습니다. 그런데 이 부인이 자신의 자녀들을 이야기하는데 큰아이와 둘째아이에 대한 감정 표현이 달랐습니다. 뭔가 문제가 있구나 싶었습니다.

"큰아이는 이쁜 행동을 하는데 둘째가 삐딱하게 행동하더라고요. 자꾸만 얘가 거짓말을 해요."

'아이가 거짓말을 한다' 그 말 한마디에 아이의 상처가 고스란히 전해졌습니다. 상담 중에 정말 많이 들었던 말이었습니다. 많은 부모들이 아이에 대해 단지 겉으로 드러나는 현상인 거짓말에 주목하지만 거짓말 이면의 상황은 보지 못합니다. 둘째아이가 심성이 나빠서 거짓말을 할까요? 이 아이는 이 가정 안에서 거짓말이 필요한 아이가 되어버린 것입니다. 진실을 이야기하면 야단을 맞거나 무관심 속에 방치되기 때문에 자신의 방어 기제로 거짓말을 하는 것입니다.

이 부인은 반면 큰아이가 예쁘다는 말을 자주 했습니다. 차별의 서러움을 누구보다 잘 아는데도 큰아이만 이쁘고 둘째는 하는 짓이 마음에 안 든다고 했습니다. 이 부인은 둘째아이에게서 자신의 모습을 보고 있었습니다. 둘째아이가 자신감 없이 겉도는 모습을 보기 싫어 했는데 이것은 외면하고 싶고, 잊고 싶은 자신의 모습이기도 했습니다. 그 모습을 아이에게서 발견하면 아이가 너무 미워집니다. 자라면서 엄마의 아픈 말을 듣고 자라며 자신은 이런 모습 때문에 볼품없는 존재라고 생각했습니다. 그런데 잊었다고 생각했는데 아이를 보니 보고 싶지 않았던 자신의 모습이 보이는 것입니다.

부인의 전반적인 상황을 들어보니 경제적인 여유는 있지만 정서적으로는 매우 각박해 보였습니다. 남편은 계속 밖으로 돌며 가정을 돌보지 않고 있었고, 홀로 어린 아이들을 보살피면서 많이 지쳐 있는 상태였습니다. 친정 엄마마저 부당한 요구를 하며 자신의 삶을 위협하고 있었습니다. 그러면서 이 부인은 자신의 힘듦을 둘째아이에 대한 미움으로 풀고 있는 듯했습니다.

반대의 경우도 있습니다. 자신과 닮은 아이를 보며 자신이 못 받은 사랑을 퍼붓기도 합니다. 오빠에게 모든 사랑을 주는 엄마를 보며, 질투심과 소외감을 느끼며 성장한 사람이 있었습니다. 그런데 아이를 낳아보니 시부모님과 남편에게 전폭적인 사랑을 받고 자라는 큰아이에게 질투심을 느낍니다. 상대적으로 관심을 못 받고 자라는 둘째아이에게 마음이 더 가고, 더 많은 것을 채워주고 싶습니다. 큰아이에게 마음을 주지 못하는 것을 본인도 알고 있지만 자꾸만 둘째아이만 품게 됩니다.

자녀에게 어떤 선택을 할지는 모릅니다. 하지만 자녀에게 자기 모습을 보면서 더 사랑을 주거나 더 미워하는 것, 두 가지 선택 모두 자녀에게 심리적인 병을 심어줍니다. 건강한 사랑이 아닌 것이죠.

자녀 중에 더 많은 사랑을 받는다고 그 아이가 행복할까요? 편애를 하면 모든 자녀들이 상처를 받게 됩니다. 사랑을 못 받은 자녀는 피해의식을 갖게 되고, 과하게 사랑을 받은 자녀는 부모에게 미분화되어 상처를 받습니다. 결국 이렇게 모든 자녀가 상처를 안고 살아가게 됩니다.

부모의 사랑은 내리사랑입니다. 부모로부터 내려와 받고 자신도 밑으로 주는 사랑입니다. 하지만 형제자매의 사랑만큼은 공평해야 합니다. 원가족에서 새긴 평등의 개념은 사회에서 다른 사람들과 맺는 관계에서도 실천할 수 있습니다. 이 개념을 내재화해서 사회에서 남들을 존중하고 마음을 나눌 수 있는 것이죠. 성장 과정에서 차별의 문제를 안고 있으면 원가족에 이어 새롭게 맺는 관계에서도 어려움을 겪게 됩니다.

나의 다정하고 무례한 엄마

나는 억울해

이렇게 부모의 차별을 받고 성장한 아이들은 어떤 어른이 될까요? 상담을 해보면 남녀차별과 더불어 장남 위주의 가족 구조에서 상처를 받은 이들의 설움도 많이 봅니다. 엄마의 감정적 투사의 대상이 되는 자녀는 출생 순위에 따라 장남 또는 장녀인 경우가 많습니다.

어떤 남성이 꽤 밝은 분위기로 상담실을 찾았습니다. 감정이 억압된 유형은 아닌 듯 상담에 와서도 자신의 감정을 솔직하게 열어놓았습니다. 상담 내내 보이는 이 남성의 핵심 감정은 '나는 억울해'였습니다.

무엇이 그리 억울하냐고 물으니 자신의 엄마가 너무한다는 것이었습니다. 위로 형이 한 명 있는데 어렸을 때부터 티 나게 차별을 받았다고 했습니다. '왜 이렇게 차별을 할까?' 어려서도 억울했는데 이 나이가 되어서도 이러니 이건 좀 아닌 것 같다고 했습니다.

이렇듯 이 사람이 가진 근본적인 슬픔은 큰아들을 너무 좋아하는 엄마로 인한 상처였습니다. 어렸을 때부터 모든 것은 형에게 맞춰져 있었습니다. 최고의 교육, 가장 좋은 옷, 맛있는 음식, 부모의 관심, 그 모든 것이 형의 차지였습니다. 자신은 과외도 받아본 적도 없고, 부모가 옷 한 벌 제대로 사준 적도 없다고 했습니다. 하지만 과외 없이도 형만큼 좋은 대학에 갔고 지금은 명망 있는 직장에서 승승장구하고 있다고 합니다. 게다가 자신과 잘 맞는 아내를 만나 가정 문제도 큰 걱정이 없어 보였습니다.

아이러니하게도 엄마의 전폭적인 사랑을 받았던 형은 외롭고 불안정하게 살고 있다고 했습니다. 엄마는 형의 짝을 고르고 골라 자신의 마음에 든 사람을 배필로 정해주었고 형은 그 뜻에 따라 결혼을 했습니다. 하지만 시간이 흘러 형수는 형을 두고 아이와 함께 외국으로 떠나버렸고, 사람들과의 관계도 좋지 않아 불행하게 살아가고 있었습니다. 게다가 연로하신 엄마를 거의 보러 오지 않았습니다. 자신은 이렇게 잘하려고 하는데 아직도 엄마가 형만 찾는 게 이해가 되지 않는다면서 그런 모습을 볼 때마다 짜증이 밀려온다고 했습니다.

여기서 대조적인 두 아들의 삶이 보였습니다. 엄마에게 올가미처럼 매어 있는 큰아들의 삶은 삐걱거립니다. 반면 엄마의 관심 밖이었던 둘째아들은 야생마처럼 살아, 연애도 자유롭게 하고 자기에게 맞는 짝을 스스로 찾아 자리를 잡았습니다.

그런데 엄마는 잘된 둘째아들을 보며 잘 풀리지 않은 큰아들

나의 다정하고 무례한 엄마

을 떠올립니다. '큰아들이 이렇게 됐어야 하는데' 하고 생각하면서 외롭게 살고 있는 큰아들이 걱정될 뿐입니다.

그런 엄마를 지켜보면서 느끼는 그의 억울함이 이해되었습니다. 하지만 동시에 큰아들의 고통도 느껴졌습니다.

"형은 어머니의 사랑을 전폭적으로 받았지만 그 사랑이 형의 삶을 옥죄었기 때문에 평생을 자유롭게 살지 못하고 어머니에게 맞추어 살았습니다. 분명 형에게도 슬픔이 있을 거예요."

"어머니는 그 연세가 되도록 왜 아직도 그러시는지 너무 답답합니다. 왜 그렇게 형을 놓지 못할까요? 같은 자식인 저는 보이지 않는 걸까요?"

"그렇게 된 어머니의 아픔이 있을 겁니다. 당신은 기대와 관심에서 벗어난 상태에서 오히려 심리적으로 자유롭게 날개를 폈을 거예요. 돌아보면 모든 선택의 결정권은 당신에게 있었고요. 결과적으로 지금의 상황을 봐도 그렇고요."

"형이 수혜자인 줄만 알았는데 피해자이기도 하군요."

부모로부터 미분화된 과한 사랑이 사랑을 덜 받은 것보다 치명적일 수 있습니다. 부모가 자녀를 분화시키지 못하면서 '내 소원을 들어줘' '너에게 모든 것을 다 해줄 테니 내 한을 풀어 줘' 이런 심리적 압박을 가합니다. 이런 부모의 바람을 지고 간다는 것은 굉장히 버거운 일입니다. 과한 사랑을 받은 아이 역시 자녀 중에 선택된 가족 희생양입니다. 이런 아이는 부모로 인해 자신의 욕구를 보지 못한 채 성장합니다. 자신이 무엇을 원하는지조차 판단하지 못하고 부모가 이끄는 대로 가다가 결국은 길을 잃어버리고 말죠. 사랑을 과하게 받은 자녀나, 사랑을 받지 못한 자녀는 이렇듯 상처를 받게 됩니다.

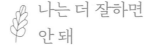

나는 더 잘하면 안 돼

자신의 감정을 억누르지 않고 감정을 표현할 수 있다면 비교적 자존감이 건강한 상태입니다. 감정을 표현하는 사람은 표정이 편합니다. 하지만 감정을 표현하지 못하고 억눌린 사람은 표정부터 기가 죽어 있습니다.

부모가 준 메시지에 평생 동안 얽매어 중년의 나이에도 삶

나의 다정하고 무례한 엄마

자체가 꽁꽁 묶여버린 남성이 있었습니다. 이 사람 역시 부모가 큰아들인 형에게만 모든 사랑을 준 경우였습니다. 그의 신조는 "형만 한 아우 없다"였습니다. 오로지 형이 잘되어야 합니다. 박사학위 연구논문이 세계적인 수준으로 평가받을 정도로 굉장히 뛰어난 머리를 가진 수재였지만 형보다 더 능력을 발휘해서는 안 된다는 집안의 암묵적이고 절대적인 분위기를 거스르지 않고 살아왔습니다. 그래서 본인의 능력을 다 펼치지 못하고 형에게 맞춰주었고 항상 자신의 한계를 정해두었습니다. 그러다가 결혼 이후에 부부 갈등까지 더해져 오랫동안 고통을 받아온 경우였습니다. 아내의 불만은 "왜 당신은 항상 양보만 하느냐, 당신의 인생을 챙겨라"였습니다.

이미 원가족에게 맞춘 삶이 당연한 사람이었습니다. 그에게 새겨진 메시지는 '너무 잘하면 안 된다. 자신은 튀면 안 된다'였습니다. 잠재능력이 어마어마했는데 결코 분출하지 않습니다. 자신이 더 많은 것을 요구하고 더 많은 것을 발휘하는 순간, 집안의 질서는 무너져버린다는 강박관념에 사로잡혔기 때문입니다.

특이한 것은 본인은 남들에게 맞춰주는 수동적인 삶의 태도를 갖고 있었지만 아내는 적극적으로 자신의 것을 쟁취하는 스타일이었습니다. 자신과 정반대의 여성을 만난 것이죠. 묘한 역동입니다. 이 사람은 원가족 시스템 안에서는 적당히 포기하고 적응했지만 결혼하면서 숨겨진 욕구가 드러난 것입니다. 자신과 달리, 적극적으로 자신의 것을 얻어내는 아내에게 끌렸던 것이죠. 그런데 해결되지 않은 원가족 안의 갈등이 결혼을 통해서 다시 표면화됩니다. 자신은 목소리를 내지 못하지만 배우자는 그 역할을 해주길 기대합니다. 내가 잘못한 것도 없는데 사랑을 받지 못한 상처가 부부 갈등을 통해서 다시 떠오릅니다. 아내 역시 원가족의 상처가 있었기 때문에 조금이라도 덜 사랑받고 인정받지 못하는 것을 참지 못하는 성격이었고 그것을 남편에게 퍼붓고 있는 상황이었습니다.

상담을 하면서 고민에 빠졌습니다. 도무지 상담의 진도가 나가지 않았기 때문입니다. 너무나 오랜 세월 두텁게 쌓인 방어기제로 상담은 제자리를 맴돌고 있었습니다. '가족 세우기'를 진행하고자 했으나 그마저도 이루어지지 않았습니다.

항상 우울한 표정으로 상담실의 문을 열고 들어오는 그가 안쓰럽게만 느껴졌습니다. '저 사람은 얼마나 자원이 많은 사람인데 저렇게 움츠러들어 있을까. 부모 사랑을 받지 못하면 나이 오십에도 사랑을 못 받은 서러운 아이의 얼굴을 하고 있구나' 싶었습니다.

갈등을 해결하기 위해 부모의 상을 다시 세우고 과거의 기억

나의 다정하고 무례한 엄마

에서 자유로워져야 했습니다. 갈등의 기저에 놓인 엄마에 대해 물어보면 그는 "됐습니다. 지나간 일을 왜 자꾸 들춰내세요. 저는 다 잊었어요. 괜찮아요" 하면서 말을 더 이상 잇지 않았습니다. 상당히 엄격한 집안 분위기였기 때문에 자기 목소리를 내는 것이 쉽지 않았다고 합니다. 하지만 수동적인 상담 태도와는 다르게 그는 한 주도 거르지 않고 꾸준하게 상담실을 찾았습니다. 그도 분명 하고 싶은 말이 있었던 것입니다. 저 역시 그가 포기하지 않도록 힘을 불어넣는 것에 집중했습니다.

1년이 넘은 시점이었습니다. 그의 변화가 감지되기 시작했습니다. 서서히 자기 목소리를 낸 것입니다. 아내에게 늘 맞춰주면서도 면박만 당했는데 처음으로 자신의 의견을 완강하게 주장했다고 합니다. 아내는 처음에는 반발했지만 조금씩 남편의 의사를 존중해주었다고 합니다. 더욱 고무적인 상황은 원가족 내에서도 이루어졌습니다. 가족 행사 중에 부당한 압박을 받았는데 더 이상 참고 감내해야 하는 것이 내키지 않아, 부모님에게 거절의 의사를 표현한 것이었습니다. 그렇게 그는 조금씩 내적인 힘을 키우고 있었습니다.

자녀에게 주입한 "너는 튀면 안 돼. 형에게 맞춰줘. 너의 능력은 거기까지야"라는 메시지가 온 생애를 휘어 감고 있는 경우였습니다. 이것이 잘못된 것이라고 인지하고 끊어내지 못하면 부모가 들려준 말에 최면이 걸린 채 살아갑니다. 아이였을 때는 무방비로 부모의 말을 수용할 수밖에 없습니다. 그렇다면 성인이 된 뒤에는 달라져야 하는데 성인이 되었다고 모두가 심리적으로 바로 선 어른이 되는 것은 아닙니다. 오십이 넘은 나이에도 '나는 못해' '나는 못났어' 아이처럼 연약한 내면을 가지고 있습니다. 이처럼 불안정한 내면이 자신뿐만 아니라 현재의 가정을 위협하고 나의 자녀에게 상처를 줍니다. 자신의 소중한 삶을 위해 인생의 중심을 잡고 바로 서기 위해선 부모가 심어 놓은 말이 아닌, 나를 위한 말을 준비해야 합니다.

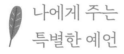

나에게 주는 특별한 예언

상황에 대해 늘 부정적으로 말하는 사람들이 있습니다. 자신이 사랑받을 수 없는 이유를 떠올리면서 부정적인 상황에만 집중합니다. 그리고 자기가 생각하는 자신의 문제점을 계속 파고듭니다. '나를 알면 나에 대해 실망할 거야' '나를 무시하게 될 거야' 라는 생각에 갇혀 있습니다.

불안정 애착 유형의 사람들은 성장하면서 부모에게 긍정의

나의 다정하고 무례한 엄마

이야기를 많이 듣지 못했습니다. 따라서 내가 잘될 것이란 스스로의 믿음이 약할 수밖에 없습니다. 이런 사람들은 '나는 안 돼' '나를 싫어할 거야'라고 안 될 거란 자기 예언을 스스로에게 되뇌이면서 안 되었을 때 실망하지 않도록 마음의 준비를 합니다. 상처받는 것에 두려움이 있는 것이죠. 그런데 실망을 예비하고 대처하는 것이 결국은 실망하는 상황을 만들어냅니다.

어떤 사람이 연애를 하면서 상대방이 사랑한다고 하면 자동적으로 의심의 마음을 갖습니다.

'정말 저 사람이 날 사랑할까. 지금은 저렇게 말하지만 결국 날 버리지 않을까. 우리 엄마도 날 사랑한다고 했는데 날 버리고 갔잖아.'

끊임없이 의심하고 시험합니다. 그럼 결국 그 사람이 떠납니다. 그제야 후회하지만 이미 관계는 끝이 났습니다. 사실 그 마음의 심연에는 상대방을 시험하면서 안전함을 느끼고 싶었던 것입니다. 하지만 불안을 잠식하기 위해 그런 행동을 해도 안전함을 느끼는 것은 아닙니다. 이 방법으로는 결코 안전해질 수 없습니다. 이 관계가 안전하기 위해서는 '내가 어떻게 하면 더 행복을 누릴 수 있는가' '어떻게 하면 이 관계가 더 좋아질까'에 집중해야 합니다.

사람은 자기 예언가입니다. 스스로에게 '잘될 거야' 하고 말하는 사람은 정말 잘됩니다. 예기치 않게 들이닥친 인생의 나락에서 지푸라기라도 잡고 싶은 심정으로 저를 찾아온 사람에게 저는 이렇게 주문했습니다.

"마음을 먹으면 당신이 원하는 대로 될 거예요. 아직 당신의 인생이 길게 남아 있어요. 우선 자신이 무엇을 원하는지 집중해보세요. 그리고 원하는 것을 구체적으로 적어 눈에 잘 보이는 곳에 두세요. 다만 '~ 해선 안 된다'의 부정형 회피 모드 문장이 아닌, '~ 해야 된다' '~가 될 것이다'라는 긍정형 접근 모드의 문장을 써두세요."

저는 현실에 기반하여 자신이 간절하게 원하는 소망을 생각해보라고 했습니다. 막연하게 그저 잘되고 싶다는 것이 아닌, 긍정적이고 구체적인 상황을 적어서 이것을 눈에 잘 띄는 곳에 놓아두고 매일 보면서 마음에 새길 것을 당부했습니다. 그런데 그것이 정말 이루어지는 것을 보게 됩니다. 그런 일들을 수시로 경험하기 때문에 제가 이런 이야기를 전할 수 있는 것이죠.

나의 다정하고 무례한 엄마

반면 "그게 되겠어요?" 하면서 이성적으로 생각해보면 결코 될 수 없다는 말을 하는 사람은 정말 되지 않습니다. 여러 상황 이 있겠지만 가장 핵심적인 것은 자기 예언이 되지 않게 만든 것입니다.

그런 맥락으로 '나는 특별한 사람'이란 예언은 중요합니다. 마음 깊은 곳의 예언이 인생을 움직입니다. 저는 내담자들에게 절대로 자녀에게 부정적인 이야기는 하지 말라고 당부합니다. 그리고 '~하지 마'가 아닌, '~해'라는 말을 사용할 것을 권합 니다.

"너는 특별한 아이가 될 거야."

아이에게 주어진 수많은 말들 중에서 좋은 이야기를 잡아채 서 그것을 붙잡고 늘어지면 그것이 예언이 되고 현실이 됩니 다. 그만큼 좋은 이야기는 강력한 힘이 있습니다.

제가 하는 이야기 치료 중에서 '탄생 신화' 기법이란 것이 있 습니다. 이것은 아이들이 태어났을 때의 에피소드를 탄생 신화 로 연결해서 아이들에게 의미를 심어주는 것입니다.

"크리스마스 이브에 태어났으니 정말 놀라운 일이지.

특별한 축복을 받은 아이라서 너는 삶에서 사랑을 실
천하는 사람이 될 거야."

"하늘에 계신 할머니가 엄마 아빠의 바람을 듣고 별 중
에서 가장 빛나고 아름다운 별을 사람으로 보내준 아
이가 바로 너야."

긍정적인 소망을 가져와 아이만을 위한 특별한 예언을 해줍
니다. 저 역시 제 아이에게 '아주 소중하고 귀하게 키운다는 약
속을 하고 하나님이 주신 아이'라고 끊임없이 이야기해주었습
니다. "에이, 맨날 똑같은 이야기야" 하면서 아이들이 투정 부
릴 것도 같지만 자신만을 위한 좋은 이야기는 수천 번, 수만 번
을 이야기해줘도 지겨워하지 않습니다. 이러한 특별한 예언을
성인이 된 나에게도 해줍니다. 좋은 이야기는 반복하고 또 반
복해서 해줍니다.

"나는 특별한 사람이야. 내가 가진 섬세한 시선과 강한
추진력은 결국 내가 하는 일을 잘되게 만들 거야."

"나는 사랑받는 사람이야. 그 사랑이 힘이 돼서 많은
사람들에게 선한 영향력을 줄 거야."

나의 다정하고 무례한 엄마

그 예언은 결국 우리 마음에 자리를 잡고 뇌를 변화시킵니다. 사소한 변화가 쌓여 거대한 움직임을 만듭니다. 우리가 바라는 삶은 그렇게 움직입니다.

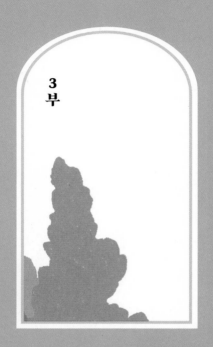

3
부

뿌리 깊은 자존감의 힘,
가족 심리 테라피

어떻게 내 안의
가족을 만날까

간절히
듣고 싶은
엄마 목소리

🌱 가족치료의 시작

　제가 상담을 통해 발견한 것은 상담은 아픔을 치유하는 것이 아니라 아름다움을 찾는 작업이라는 것입니다. 이 아름다움은 나 개인에게 국한된 '나 괜찮은 사람이야' 정도가 아니라 내 가족이 얼마나 뿌리 깊은 힘이 있는지를 발견하게 되면서 얻게 되는 든든함입니다. 나의 뿌리가 저 밑의 깊은 곳으로부터 움터서 수만 가지의 결로 나를 지탱하고 있다는 것을 느끼는 체험인 것이죠.

　학교에서 학생들을 가르치면서 수업을 시작할 때마다 항상 하는 작업이 있습니다.

　　　　　　　　　　　　　나의 다정하고 무례한 엄마

"당신이 갖고 있는 장점을 생각해보세요. 그리고 그 장점의 뿌리를 찾아보세요. 자신의 장점이 어디에서 왔는지를 생각해보는 겁니다. 그런 다음에는 그 사람에 대한 에피소드를 이야기해보세요."

이런 질문을 던져보는 것이죠. 그럼 저마다 자신의 가족을 생각하면서 이야기를 합니다.

"저는 성실한 편인데 할아버지가 굉장히 성실하셨어요. 그런데 아버지도 똑같이 매우 성실하셨어요. 30년 동안 한결같이 새벽 6시면 직장에 출근하기 위해 나가셨으니까요. 그 전날 무슨 일이 있었든, 몇 시에 들어오셨든 늦는 법이 없으셨어요."

처음에는 쑥스러워 하면서 이야기를 하다가 그에 얽힌 에피소드를 말하다 보면 어느덧 깨닫게 됩니다.

'내게 있는 성실함의 뿌리는 너무나 귀중한 보물이구나. 내 안에는 이런 좋은 것이 있구나. 그럼 나는 이 유산을 더 좋게 만들어야겠다.'

앞서 엄마와의 관계를 유형별로 정리하여 소개하였는데 이 치유 과정의 상담 방향은 가족치료에 바탕을 두고 있습니다. 저는 우연한 기회로 심리학을 전공하게 되었고 독일로 유학을 가서야 본격적으로 심리학을 공부하게 되었습니다. 독일에서는 석사 학위를 따려면 전문가 과정을 필수로 이수해야 합니다. 가족치료 전문가 과정의 상담 실기를 진행하면서 상담의 매력에 푹 빠지게 되었는데 내담자들의 놀라운 변화를 지켜보면서 인간의 탁월함, 내면의 깊은 아름다움을 온몸으로 경험하게 되었습니다.

체계론적 가족치료를 위해 가계도와 가족 세우기가 진행되는데 이 과정을 통해 생생한 가족의 역사를 경험할 수 있습니다. 저는 가족치료 전문가 과정의 핵심 과정인 가족 세우기를 진행하면서 엄청난 충격을 받았습니다. 가족 세우기는 가족 체계를 스스로 구현하고 조정하면서 단기간에 새로운 가족 모델을 만들어갑니다. 단 3시간 만에 강력하고 놀라운 기적이 제 눈앞에서 펼쳐지면서 단숨에 이 치료 과정에 매료되었던 것이죠. 이 가족치료는 개인 한 명만의 힘으로 움직이는 것이 아니라 가족 전체, 심지어 돌아가신 부모님까지 재발견하게 만드는 힘이 있습니다.

"지금까지 인식하지 못했지만 당신의 뿌리를 찾아보니 부모님, 더 위로는 조부모님에게도 당신이 가진 그 힘이 흐르고 있습니다. 그 힘은 당신 혼자서만 가지고 있는 것이 아니라, 이미 가족으로부터 전해진 것입니다. 이것은 살아가면서 큰 힘으로 작용합니다. 굉장히 좋은 삶의 자원입니다."

내 안에 흐르는 이런 힘을 찾아내면 인간은 훨씬 더 단단해집니다. 엄마 아빠가 준 상처만을 이야기하는 것이 아니라, 이 안에 얼마나 좋은 것들이 숨어 있는지를 발견해내는 것이죠.

또한 상담을 진행하면서 좀처럼 문제가 해결되지 않을 때, 내가 가진 특성 외에 개인에게 흐르는 가족의 맥락에 중점을 두고 치료하면 문제 해결의 실마리를 찾을 수 있습니다. 가족 시스템 안의 상호작용을 이해하면 그 사람의 근본적인 문제를 들여다볼 수 있는 것입니다.

🌱 가족으로 이어진
내 삶의 가치

저에게는 지금도 생생한, 할아버지에 대한 잊히지 않는 기억이 있습니다. 운동회날, 손녀딸을 보기 위해 할아버지가 찾아오셨습니다. 반별 달리기를 준비하다가 저 멀리서 저를 보고 있는 할아버지를 알아보고 반가운 마음에 손을 흔들었습니다. 그러다가 그만, 달리기 스타트를 위한 소리를 듣지 못해서 뒤늦게 출발하였고 결국 꼴찌로 들어왔습니다. 많은 사람들이 보는 앞에서 꼴찌로 들어와서 너무 창피하고 속상한 마음에 할아버지를 제대로 보지도 못한 채 "할아버지, 저 봤죠? 저 꼴찌했어요"라고 말을 건넸습니다. 그런데 그때 할아버지가 큰소리로 제게 이렇게 말씀하셨습니다.

   "뛰는 폼은 우리 손녀딸이 최고였어."

그 말을 들었을 때 어린 마음에도 가슴이 벅차오르고 든든함이 온몸으로 번지는 느낌이었습니다. 움츠러든 어깨가 당당히 펴지고, 더 이상 꼴찌한 것이 부끄럽지도, 창피하지도 않았습니다.

나의 다정하고 무례한 엄마

제가 살아가면서 계획한 일들이 안 되었을 때, '내가 잘하고 있는 걸까' 고민에 빠지면 할아버지의 목소리가 들립니다.

"우리 손녀딸이 최고야. 잘하고 있어."

할아버지의 넉넉하고도 강력한 목소리는 제가 긍정의 마음을 실천하는 낙관주의자가 될 수 있는 힘을 주셨습니다. 부모님을 거슬러 조부모님까지 이어진 가족의 목소리가 제게 전해졌고 저에게 주신 그 힘은 매우 강력했습니다. 상담을 통해 제가 발견한 저의 길은 '나는 상처 안에 숨겨진 아름다움을 찾는 사람'이란 것이었습니다. 이런 마음을 담고 있으면 억지로 문제점을 찾지 않아도 문제를 이해할 수 있고 모든 게 자연스럽게 풀리는 것을 경험하곤 합니다. 그래서 전 제 삶의 핵심 자원이 거기에 있다는 것을 알게 되었습니다.

가족이 가진 생명력, 생존 능력은 어마어마합니다. 어디까지 맞닿아 있는지 까마득합니다. 그 뿌리가 내게까지 올라와 면면이 이어진 것입니다. 현재 내가 가지고 있는 상처는 손톱 끝에 가시 정도입니다. 상처 입고 어쩔 줄 몰라 자신을 몰아세우고 힘들어하지만 가족으로부터 이어진 엄청난 능력을 갖고 있으면서도 그 능력을 알지 못해 상처만 보이는 것입니다. 이것을 깨닫게 되면 나의 전체가 보이게 됩니다. 내게 얼마나 많은 자원이 있는지를 발견하는 것입니다. 그 힘을 발견하게 되면 우리 앞의 상처가 더 이상 고통스럽게만 느껴지지 않습니다.

상처받은 내담자들에게 지금의 상처로 인해 당신이 의식하지 못할 뿐 당신 안에 엄청난 가치가 숨어 있다고 항상 강조합니다. 그런데 그것은 정말 그렇기 때문입니다.

사람들은 "당신은 가치 있는 사람인가요?"라는 질문을 받으면 자신 있게 대답하지 못합니다. 하지만 내 안에는 부모와 조부모, 그 이전의 가족이 전하는 나를 향한 마음이 담겨 있습니다. 바로 과거의 두려움과 불행을 떨쳐내고 자신이 가진 힘에 집중해 자기 삶을 살아가야 한다는 간절한 바람인 것이죠. 그것은 나를 둘러싼 모든 것, 나의 뿌리를 연결해주는 힘이기도 합니다. 그 사랑을 느끼게 되면 우리는 자신 있게 나의 가치에 대해 말할 수 있습니다.

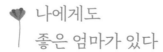

나에게도
좋은 엄마가 있다

심리적 성장을 가장 방해하는 요인은 '내가 행사할 수 있는

나의 다정하고 무례한 엄마

영향력은 없다. 나는 아무런 변화를 가져올 수 없는 무력한 존재'라는 생각에 매인 것입니다. 모든 것은 내가 어쩔 수 없는 것이라고 여기기 때문에 변화에 대한 의지를 갖지 못하는 것이죠. 하지만 내가 가진 영향력은 자신이 생각하는 것 이상으로 큽니다. 나의 원천적인 힘이 되는 뿌리를 발견하고 거대한 변화의 역동을 이루는 것이 가족치료인데, 나 개인으로 움직이는 힘을 훨씬 뛰어넘어 그 영향력은 비교할 수 없을 정도의 파급력을 갖게 됩니다.

엄마와 같은 초기 애착대상의 영향력은 한 인간의 삶을 좌우합니다. 엄마의 목소리는 이미 내면으로 들어와 자신의 행동과 판단, 스스로에 대한 가치 등을 정의내립니다. 성인이 되어서 이를 바로잡으려고 하지만 결코 쉬운 일이 아닙니다. 이것은 강력한 최면이 되어 내가 지치고 위태로울 때 교묘하게 약한 부분을 파고듭니다. '나는 좋은 사람이야' '나는 그럴 만한 가치가 있어' 하면서 자신에게 말해주고 다독이지만 또 쉽게 무너지기도 합니다.

자기에 대해서 긍정적으로 이야기할 수 없는 것은 자기 안에 망가진 녹음기가 있는 것입니다. 부모가 자라면서 나에게 해준 녹음기가 자동적으로 재생되는 것이죠. 이제 성인이 되어 부모를 벗어나 부모가 그런 이야기를 하지 않는데도 그 이야기를 듣습니다. 내 목소리가 부모 대신 그 이야기를 하는 것입니다. 그렇다면 거기서 벗어나는 작업을 해야 합니다. 그러기 위해서는 한 번이라도 부모에게 사랑을 느끼는 체험을 해야 합니다. 부모에게 정말 듣고 싶은 이야기를 듣는 경험이 마음의 변곡점을 만듭니다.

가족치료는 이것을 체계적으로 접근해서 나의 심리 구조를 다시 만드는 과정입니다. 우선 나의 뿌리를 다시 세우는 훈련을 시작합니다. 기존에 형성된 부모상이 나쁜 부모로만 잡혀 있으면 여기서 헤어나기가 쉽지 않습니다. 나쁜 부모는 그대로 두고, 나만 사랑하는 것은 한계에 부딪힙니다. 뿌리가 약하기 때문에 쉽게 흔들립니다. 반드시 부모를 이해하는 작업이 필요합니다.

나에게 상처를 주고 결핍을 안긴 부모이지만 부모가 악해서 그런 것인지, 부모는 왜 이런 모습이 되었는가를 알아야 합니다. 그리고 상처받았던 감정을 밖으로 표현하고 부모에게 하고 싶은 말을 실컷 할 수 있어야 합니다. 그 감정이 해소되면 이제 부모에게 듣고 싶은 말을 듣습니다.

"사느라 바빠서 그랬어. 내 아픔이 커서 널 돌보지 못했어. 나도 널 사랑한단다."

나의 다정하고 무례한 엄마

그러면 조금씩 막혔던 감정이 트이게 됩니다. 그러면서 찌그러져 있는, 초라한 자존감도 점점 올라오게 됩니다. 내 자존감이 커지게 되면 자연스럽게 관대한 마음과 여유가 생깁니다. 부모와 직접 이런 대화를 할 수 있다면 가장 좋겠지만 그럴 수 없다면 가상의 대화를 진행해야 합니다.

자신이 그리는 부모의 상을 새로 세우도록 합니다. 그러면 그 부모의 상 안에서 안정감을 느끼는 자신을 깨닫게 됩니다. 나에게도 좋은 엄마가 있다는 상이 세워지면 든든함이 생깁니다. 남들이 뭐라고 해도 무너지지 않는 자신만의 그림이 그려지는 것이죠.

'나도 사랑받는 사람이야. 나에게도 좋은 엄마가 있어.'

가족에 대한 밑그림이 달라지고 가족의 역사가 다시 쓰여집니다. 이런 일련의 과정으로 이루어지는 것이 가족치료입니다.

눈으로 보이는
내 안의 변화

  우울감이 가득한 어두운 얼굴을 한 채, 사회초년생인 여성이 저를 찾아왔습니다. 하루하루 죽고 싶다는 생각에서 벗어날 수가 없어서 괴롭다고 했습니다. 이야기를 찬찬히 들어보니 엄마로부터 이어진 불행의 감정이 깊어 보였습니다.

  이 여성의 엄마는 가장 큰 언니와 나이 차이가 20살이나 났고 바로 위의 오빠와는 11살 차이가 나는 6남매의 막내라고 했습니다. 여성의 할머니는 덜컥 생겨버린 늦둥이인 막내가 부끄러워서 남들에게 막내의 존재를 성장기 내내 숨겼습니다. 그래서 엄마는 자신은 없어야 할 존재로 여기며 살아왔고 그런 성장 과정으로 인해 자존감이 매우 낮은 상태였습니다. 결혼을 하고 3남매를 낳았지만 자존감이 낮은 엄마는 항상 우울했고 자살 시도도 빈번해서 자녀들은 불안함 속에 성장했다고 했습니다.

  딸인 이 여성에게 엄마를 상징하는 메시지는 "나 무시하지 마"였습니다. 자존심이 강한 엄마는 다른 사람과 깊은 관계를 맺지 않은 채, 주변의 모든 이에게 "나 무시하지 마"란 메시지를 보내고 있었습니다. 이 메시지는 이 사람이 살아가는 내내 뿜어내는 언어였고 이것으로 인해 모든 관계를 밀어내고 있었습니다.

그런데 이 메시지는 딸에게도 전달되어 '무시'가 인생의 핵심 감정이 된 채, 모든 감각이 이것에 맞춰져 있었습니다. 이것에만 집중하면 자신의 삶은 무시만이 남습니다. 그녀의 삶을 피폐하게 만드는 이 핵심 감정을 다시 이해해야 했습니다.

"나를 무시한다는 마음이 주로 어떨 때 드는 걸까요?"
"그런 마음은 시시때때로 들어요. 상대방은 그렇게 의도하지 않았다고 하는데 가벼운 말에도 나를 무시하는 것 같은 생각에 상처를 많이 받아요."
"그럼 사람들과의 관계도 힘들었겠네요."
"제일 힘든 것은 가까운 사람과의 관계를 이어나갈 수가 없는 거예요."

그녀는 그녀에게 다가오는 사람들이 있어도 마음을 열기가 쉽지 않다고 했습니다. 이성관계 역시 그녀를 힘들게 했고 사소한 충돌에도 깊은 상처를 받는 듯했습니다.

남들이 무시할까 봐 강박적으로 자신을 보호하는 딸의 상황은 점점 악화되고 있었습니다. 그녀가 끌어안고 있는 생각과 감정은 자신의 존재가 인정받지 못한다는 분노와 두려움에서 온 엄마의 상처에서 기인한 것이기도 했습니다. 그래서 이 감정은 내 것이 아님을 그녀에게 이해시키기로 했습니다.

그것을 깨닫게 되면 이 악순환을 멈출 수 있기 때문입니다. 엄마의 상황으로 돌아가 이 감정을 생생하게 이해하고 이를 극복할 수 있는 치유의 과정을 밟기로 했습니다.

"지나간 삶에서 엄마의 슬픔을 보았고, 엄마를 이해했습니다. 이 감정은 제 것이 아님을 알았습니다."

오랜 시간 가족의 이야기를 풀어나가면서 자신을 힘들게 하는 감정의 기원과 이유를 깨닫게 되었고, 과거의 나를 찾아내 마음을 회복하는 치유의 문장을 반복적으로 사용하도록 했습니다.

"너는 존중받고 인정받아야 하는 소중한 사람이야. 네가 편안하도록 항상 너와 함께할게."

문장을 소리 내어 말하면서 깊게 호흡하도록 했습니다. 화해는 내가 선택하고 결정할 수 있는, 내 안에서 일어나는 움직임

나의 다정하고 무례한 엄마

입니다. 부모와의 관계는 부모가 내게 어떤 말을 하고, 어떤 표정을 짓고, 어떤 반응을 보이는지에 따라 정해지는 것이 아닙니다. 중요한 것은 내가 무엇을 원하고, 그것을 위해 어떤 행동을 하는가입니다. 이것을 인식하고 실행하는 과정이 불행의 악순환을 끊어내는 근본적인 출발이 될 수 있습니다.

마음이 힘들고 불안해서 자꾸만 불행한 일들만 떠오르는 사람이 있습니다. 그러면 머릿속으로 이 생각이 반복해서 재생됩니다. 생각하면 할수록 몸에 박힌 절망적인 감정이 더욱 깊어지면서 어둠 속으로 밀려듭니다. 이 고통이 깊은 사람들은 그런 감정에서 도저히 헤어날 수가 없습니다. 고통스러운 무언가에 저항하면 할수록 오히려 그것에서 벗어나기가 더 어려워지기 때문입니다.

그렇다면 나의 부모를 다시 만나야 합니다. 과거에 해결하지 못한 감정은 현재의 삶에 영향을 줍니다. 불행과 괴로움의 근원을 이해하고 새로운 관점으로 받아들이는 과정이 필요합니다. 나의 마음에 집중해 마음이 이끄는 곳으로 따라가 나를 위한 이야기를 들어야 합니다. 그런 과정을 통해 우리를 괴롭히는 깊은 두려움과 불안을 잠재울 수 있습니다.

❋ 듣고 싶은 엄마 목소리를 가슴에 담다

한 남자가 있었습니다. 성장기 내내 그의 아빠는 경제적으로 무능했고 아빠의 역할을 제대로 하지 못했습니다. 엄마는 아빠의 자리를 메우며 온 정성을 대해 아들을 키웠습니다. 엄마는 공부도 잘하고 좋은 직장에 들어가 자신의 한을 풀어준 아들이 너무 좋았습니다. 그 마음은 점점 깊어져 남편은 집에서 있는 듯 없는 듯 관심 밖으로 밀어놓고 항상 남편 대신 아들이랑 모든 것을 함께하고 싶어 했습니다. 아들의 옆자리를 항상 자신이 차지했고, 아들이 여자 친구를 사귀는 것조차 못마땅해했습니다. 아들은 자연히 연애도 할 수 없었고 결혼은 꿈꿀 수조차 없었습니다.

괴로운 상황이 이어지자 상담을 하게 되었고 가족 세우기를 통해 아들은 '아, 엄마와 내가 분리되지 않은 것이 문제구나'라고 자각을 하게 되었습니다. 그래서 '엄마로부터 정서적으로 벗어나야겠다'라는 결심을 하게 되었습니다.

그런데 이 사람이 선택한 방법이 아주 지혜로웠습니다. 가족 세우기를 통해 자신이 바라는 바람직한 엄마의 상을 만들어낸 것이죠. 가상의 엄마가 그에게 말합니다.

나의 다정하고 무례한 엄마

"이제는 너를 놓아줄게. 네가 훨훨 날아 네 인생을 멋지게 사는 것이 이 엄마에게는 행복이고 기쁨이야. 그것이 엄마가 정말 바라는 바야."

그는 제게 말했습니다.

"정말 엄마에게 듣고 싶은 말이었어요. 저는 저 이야기를 가슴에 깊이 기억하고 만들어서라도 항상 저 이야기를 들을 거예요. 그리고 앞으로는 저 이야기를 전제 조건으로 깔고 엄마의 말을 해석할 거예요. 엄마는 근본적으로 나를 사랑하고 믿어주고, 제 인생을 축복해 주시는 분이고 저의 건강한 독립을 바라는 분이에요. 앞으로 그 생각을 가지고 엄마를 대할 겁니다. 엄마의 행동이 이전과 같더라도 그 행동을 이 밑그림 속에서 이해할 거예요."

그러면서 그는 엄마의 제안을 거절하는 것이 항상 어려웠는데 이제는 두렵지 않다고 했습니다. 그는 앞으로 엄마가 같이 외출하자고 하면 "제가 만약 시간이 되고 가고 싶으면 갈 것이고, 제가 가고 싶지 않거나 갈 수 없으면 안 된다고 말할 거예요. 엄마는 언제든지 거리감을 허용하는 분이니까요"라고 말했습니다.

변화라는 건 내가 가진 부모에 대한 밑그림을 바꿔놓는 것입니다. '내가 안 간다고 하면 엄마가 슬퍼하겠지, 엄마를 배신하는 거야' 이런 생각에서 자유로워지는 것입니다. 진짜 멋진 엄마가 마음속 밑그림에 있기 때문에 그의 선택은 이제 자유롭습니다.

> "근본적으로 내가 원하는 것을 엄마도 원한다는 목소리를 항상 품고 있겠어요. 이제 제 인생을 어떤 방향으로 세우고 나아가야 할지 알겠습니다."

그의 말에 저는 힘찬 박수를 보냈습니다. 바로 그것입니다. 처음에는 엄마도 지금까지와는 다른, 아들의 반응에 반발이 있겠지만 그 프레임에 맞춰서 행동을 변화시킬 것입니다. 아들이 흔들리지 않는 자기만의 주관이 있으면 그것을 인정할 수밖에 없습니다. 아들이 내 마음대로 되지 않는 것을 알고 엄마도 변화할 수밖에 없는 것이죠.

자기 자신에게 힘이 있고 그 힘으로 삶을 변화시킬 수 있습니다. 하지만 그 사랑은 부모에게 사랑을 받을 때 생기기 때문

나의 다정하고 무례한 엄마

에 의식적으로라도 그 힘을 만들어내야 합니다. 그래서 내가 갖고 있는 부모에 대한 상에서 벗어나야 하는 것입니다. 뿌리를 제대로 세우면 앞으로의 인생은 이제 나를 위한 방향으로 판을 돌릴 수 있습니다.

새로 쓰는
가족 이야기

가족
세우기
속으로

🌿 가족 세우기는
무엇일까

저는 자신 안의 상처를 이해한 뒤 이를 치유하고 내면의 힘을 키우기 위해 가족 세우기 기법을 적용합니다. 가족 세우기는 현재 가족이 가진 문제를 이해하는 데 매우 유용한 치료 기법이며 대물림된 가족의 구조와 현재 가족의 역동을 알아볼 수 있는 이점이 있습니다.

어떤 연세 지긋한 할아버지가 화가 잔뜩 난 채 제게 와서 소리를 쳤습니다.

"내가 평생 벌어 먹였더니 이렇게 사람 많은 곳에 나를

끌고 와서는 뭘 어쩌라는 거야. 너희들 앞에서 무릎이
라도 꿇기를 바라는 거야?"

할아버지의 노여움은 그칠 줄을 몰랐습니다. 화는 잦아들지
않았고 서슬 퍼런 기세로 고함을 지르던 할아버지를 겨우 설득
한 뒤에야 가족 세우기를 진행할 수 있었습니다. 그런데 가족
세우기가 다 끝난 후 할아버지의 표정과 말투는 전혀 다른 사
람의 것이었습니다.

"정말 이렇게 내 마음을 다 표현할 수 있고 자식들이
내 상황을 이해할 수 있어서 너무 좋았습니다. 이제 아
이들에게 다가갈 용기가 생겼습니다."

몇 시간 만에 어떻게 이런 변화가 생길 수 있을까 싶지만 이
런 일들은 수시로 일어납니다. 그만큼 가족 세우기의 힘은 놀
랍습니다.

앞서 언급했듯, 저는 독일에서 가족 세우기 프로그램을 처음
접하고 엄청난 충격을 받았습니다. 그 경험에 압도된 이후, 가
족 세우기는 제가 수십 년간 중점적으로 진행한 가족치료 프로
그램이자, 체계적인 가족치료를 이해하는 핵심 가치가 되었습

니다. 가족치료를 이해하기 위해서는 가족 세우기의 메시지는 무엇이고 어떻게 진행되는지 살펴보는 것이 도움이 됩니다.

가족 세우기는 심리학의 치료 방법으로, 정신과 의사인 제이콥 레비 모레노Jacob Levy Moreno가 창안한 심리극에 기초를 둔 것입니다. 이후 가족치료의 선구자 중 한 사람인 심리학자 버지니아 사티어Virginia Satir가 가족 조각Family Sculpting이란 심리치료 기법을 심리극에 도입하게 됩니다. 가족의 모습과 3세대에 걸친 중요한 사건들을 그래프 용지에 표기하게 되면 가족 전체를 보기 위한 시도를 하게 되는데, 이것이 심리극과 만나면서 가족 세우기란 방법으로 발전하였습니다. 실제로 가족 세우기에서는 사람을 세워서 진행을 하는데 사람을 세울 때의 의미는 심리적인 구조를 말하는 것입니다. 심리적인 구조가 충분히 물리적인 구조로 표현될 수 있다고 본 것입니다.

가족 세우기에서는 가족 구성원들의 위치와 자세로 가족관계를 표현함으로써 복잡한 가족 체계를 종합적으로 파악할 수 있습니다. 또한 여러 세대에 걸친 관계를 한눈에 볼 수 있고, 관계의 상호작용을 파악할 수 있어서 그 효과가 더 드라마틱하게 느껴집니다.

가계도 분석은 가족 세우기를 위한 사전 준비단계입니다. 내담자의 증상이나 갈등은 자칫 내담자 개인의 문제로 여겨질 수 있지만 이런 관점은 가계도 작업을 하면서 바뀌게 됩니다. 내 담자는 가족체계에서 증상을 표출하는 사람일 뿐이고 가족체계는 그에게 부담이나 고통을 주고 있는 것을 알 수 있습니다. 가족의 전체적 맥락과 관련성을 알아봄으로써 희생양의 역할에서 벗어나게끔 도와주고 문제의 근본적인 원인을 살펴볼 수 있는 것이죠.

여기서 가장 중요한 치료 과제는 가족에게서 계속 반복되는 패턴을 발견하는 것입니다. 그 패턴이 가족발달을 방해하는 경우에는 '대물림 끊기' 작업이 필요합니다. 중요한 사건들은 가족 문제가 꼬여 있는 지점에서 생기기 때문입니다. 그래서 3대 이상의 가계도 분석을 통해 치료자와 가족은 전후 세대를 잇고 있는 연결고리를 파악하고 그 맥락 안에서 갈등과 관련된 방어기제나 정서를 이해해야 합니다.

가계도 분석
직접 해보기

✦ ✦ ✦

* 나를 중심으로 한, 3대의 가계도를 직접 그려보면 가족의
역사와 흐름을 느껴볼 수 있습니다. 가계도를 그려보면서
그 느낌을 체험하면 가족을 이해하는 데 도움이 됩니다.

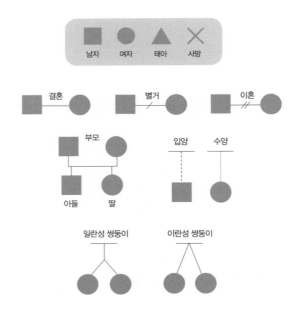

가계도 그리기 예시

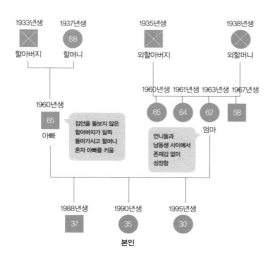

가계도 그리기는 가족에 관한 방대한 정보를 짧은 시간에 서술할 수 있는 장점이 있습니다. 하지만 이 작업은 준비가 안 된 내담자나 가족에게는 심리적으로 큰 부담이 되기도 합니다. 가계도는 3대 이상의 가족 전체의 이야기를 서술하기 때문에 숨기고 싶거나 아픈 부분을 무방비 상태로 직면할 수 있기 때문입니다. 하지만 가계도 직접 그리기는 자신과 가족의 역사를 느끼고, 체험할 수 있도록 도와줍니다.

다세대 가족치료

✛ ✛ ✛

가계도 분석에서 3세대 이상의 가족 정보를 살펴봄으로써 가족규칙을 밝혀낼 수 있습니다. 세대를 통해 이어지고 있는 부분을 이해하기 위해서는 부모세대의 특정 행동이 조부모세대로부터 어떤 영향을 받았으며 부모가 자녀들에게 이런 행동을 하는 원인을 알아보아야 합니다. 우선 각 세대별 특징은 다음과 같습니다.

부모

3세대에서 중간세대인 부모세대는 윗세대와 아랫세대를 잇는 스위치 역할을 합니다. 중간세대는 반드시 부부로 연결되어 있습니다. 부모의 부부관계는 가계도 작업에서 매우 중요합니다. 부모의 배우자 선택 과정을 관심 있게 들여다보면 가족을 이해하는 데 매우 큰 도움이 됩니다. 부부의 결혼 과정과 배우자 선택을 살펴보면 원가족에서 독립하는 과정에서 보여지는 개별화의 모순된 면이 있습니다. 결혼은 변화와 반복이 충돌하는 지점이기 때문입니다. 부부 각자는 원가족에게서 받은 크고 작은 상처들을 결혼을 통해 치유하고자 합니다. 과거의 충족되지 못한 소망, 풀지 못한 갈등, 또는 채워지지 않은 결핍감을 배우자가 해결해주길 바랍니다. 또한 원가족에서 경험하고 내면화한 가치관이나 생활 패턴들이 바뀌고 개선되기를 바랍니다. 이러한 서로에 대한 기대는 결혼 초기부터 배우자에게는 무리한 요구가 되기도 하고 부부 갈등의 요인으로 작용합니다. 더욱 모순적인 점은 원가족에서의 갈등 및 관계 패턴이 배우자와의 관계에서도 반복되어 재연된다는 것입니다.

부부는 자신의 원가족에서의 경험과는 정반대의 삶을 결혼을 통해 이루어지길 원하면서도 동시에 그 경험이 부부생활에서 반복될 수밖에 없는 양가적인 배우자를 선택하는 경향이 있습니다. 처음 기대와는 달리 결혼생활은 배우자가 자신이 원했던 사람과는 정반대의 사람이 되게 만듭니다. 정신분석이론에 따르면, 자신의 해결되지 않은 원가족과의 갈등을 배우자와 반복함으로써 부모에게 표현하지 못한, 미해결된 감정을 표출하는 것입니다. 부부관계의 심리적 역동을 살펴보면, 부모가 원가족에서 겪은 심리적 상처와 미해결 과제들이 조부모세대에서 자녀세대로 어떻게 이어지는지를 알 수 있습니다.

자녀

자녀의 탄생은 가족에게 중요한 변화이자 사건입니다. 자녀를 부모나 성인으로부터 영향을 받는 존재로 보지만 태어나는 순간부터 가족 체계에 적극적으로 개입하거나 어린 나이부터 가족을 보호하는 기능을 하는 경우도 있습니다. 갈등이나 문제가 있는 부모가 영유아를 심리적으로 이용하거나 조정하기도 합니다.

자녀의 증상은 가족 체계의 문제가 표출되거나 가족 문제가 제대로 해결되지 않았기 때문에 나타나는 현상이기도 합니다. 자녀의 문제가 심각해져서 자녀를 치료하기 위해

가족 체계가 혼란에 빠지기도 하는데 이것은 자녀의 문제가 개인이 아니라 가족 체계의 문제임을 보여주는 것입니다. 문제를 나타내는 자녀는 가족의 희생양이기도 하지만 자녀의 증상 자체는 가족 체계의 균형을 맞추는 역할을 할 수도 있습니다.

가족의 문제는 가장 약한 자녀를 통해 문제가 표출되는 경우도 있지만 가장 강한 자녀가 문제를 터뜨리기도 합니다. 자녀의 증상은 일종의 가족 충성의 양상으로 결과적으로는 자녀가 자신의 발달과 성장을 희생하여 가족의 관심을 집중시키는 기능을 합니다.

형제-자매

자녀들 중에 형제자매관계를 이해하는 것도 매우 중요합니다. 부모자녀관계 다음으로 중요한 것이 형제자매관계입니다. 부모자녀관계가 수직적 관계라면 형제자매관계는 수평적 관계입니다. 형제자매관계는 가족 내에서 유일하게 수평적 관계를 경험하는, 가족의 중요한 체계로서 공평성에 대한 관념을 만들어줍니다. 공평성을 놓고 벌이는 형제자매의 갈등은 초기 발달단계에서는 부모 사랑에 대한 쟁탈전으로, 성인이 되어서는 유산 갈등으로 이어지기도 합니다. 또한 자녀 중에 장애나 질병을 가지고 있는 경우에는 형제자매관계에 커다란 영향을 미치게 됩니다. 부모의 관심이 아픈 자녀에게만 쏠리면 나머지 자녀는 소외되기 쉽고 사랑받지 못한다는 느낌과 함께 심리적 상처를 받기도 하는 것이죠.

조부모

조부모는 가족의 살아 있는 역사이자 과거에 관한 정보를 전달하는 존재입니다. 이미 노인이 된 조부모는 죽음 등 가족과의 이별을 준비하며 살아 있는 동안 가족의 이상이나 결속력을 지키기 위해 노력합니다. 건강한 조부모는 부모와 손자손녀에게 물질적이고 정신적인 지지자 역할을 하기도 합니다. 부모세대는 자신보다 능력 있는 조부모에 대해 느끼는 신체적·심리적 변화를 감지하지 못하는 경우도 종종 있습니다. 가계도 분석을 통해 부모세대가 조부모세대에 거부감을 표현하는 경우를 볼 수 있는

데, 이는 부모에 대한 원망이나 분노가 억압되었거나 불
안, 죄책감, 수치심이 묻혀 있는 경우입니다.

스스로 표현하는
가족의 모습

이제 본격적인 가족 세우기로 들어가보겠습니다.

가족 세우기 1단계는 이렇습니다. 현재의 가족 구조를 가족 구성원 각자가 표현하는 것입니다.

가족 구성원 스스로가 구조를 표현하기 시작합니다. '우리 사이는 가까운 사이야' 이것은 가까이 다가감으로써 물리적으로 표현될 수 있습니다. '우리는 마음이 멀어졌어' 하면 서로를 멀리 떨어뜨려 놓습니다. '우리는 서로 마음이 안 맞아' 하면 등을 돌려놓습니다.

그리고 방향, 거리감 등 몇 가지 요소를 통해 가족 구성원인 여러 사람들의 심리적인 관계를 물리적인 형태로 표현합니다. 치료자의 도움을 받아 더 세부적으로 표현할 수도 있습니다. '저 사람이 지시적이고 권위적이어서 나를 위축시켜' 하면 손가락질을 하게끔 합니다. '내 마음에는 무거운 돌덩이 같은 부담이 있어' 하면 실제로도 무거운 돌덩이를 안겨놓습니다. '우리 사이에는 명백한 금이 그어져 있어' 하면 선을 그어 표시합니다. 표정, 몸짓들을 추가해서 더 표현하게 만듭니다. 가족들 스스로 자신이 느끼는, 가족의 구조를 표현하게 만드는 것이죠.

나의 다정하고 무례한 엄마

가족들은 구석에 웅크리고 있다든지, 엄마와 아이들이 똘똘 뭉쳐 있는 관계면 엄마가 두 팔을 벌려 아이들을 안고 있다든지, 가족에게서 도망가고 싶으면 바로 탈출할 듯 창문 앞에 있게 한다든지 하면서 마음껏 자기 표현을 하도록 합니다.

이런 것들이 모두 표현이 되면, 잠시 멈춥니다. 그리고 이 역할을 맡은 가족들은 이제 관객이 되어 무대 밖으로 빠지게 됩니다. 그런 다음 치료자, 보조치료자들이 그 역할을 대신합니다. 그런데 가족들 대신 그 역할을 하는 사람들에게도 같은 감정이 올라옵니다. 답답함, 불편함 등의 감정이 올라오는 것이죠. 그럼 그때 그 감정을 하나씩 읽어줍니다.

가족도 하나의 체계이기 때문에 위계질서가 있습니다. 위계질서를 존중하는 의미로 가장 나이가 많은 사람부터 물어봅니다. 이때 물어볼 때는 절대로 해결책이나 판단이 아니라 느낌과 감정에 대해서만 물어봅니다. '화가 나요' '답답해요' '외로워요' '기뻐요' '슬퍼요' 등 논리는 제외하고 그 순간 느끼는 감정만을 이야기하도록 합니다. 한 사람, 한 사람 참여한 모든 사람에게 묻습니다.

실제 가족들은 관객으로서 이 상황을 거리를 두고 지켜보면서 공감하게 됩니다. '아, 맞아. 내가 저 마음인데' 그러면서 동시에 나 이외에 다른 가족들의 마음도 함께 듣게 됩니다. '아,

아빠가 저런 마음이었구나. 아, 엄마는 그랬구나' 하고 그 마음을 알게 되는 것입니다.

이렇게 1단계부터 위로를 받고 치유의 과정을 거칩니다. 가족 세우기에서는 가족 구성원들이 직접 자신의 느낌을 표현하는 것이 가장 중요하지만 경우에 따라서는 치료자가 외부 관찰자로서 느낌과 관점을 표현할 수도 있습니다.

🌷 새로운 구조를 만들다

이제 두 번째 단계가 진행됩니다. 첫 번째 단계에서 좋은 감정만 나오는 게 아니라 불편한 감정 등의 나쁜 감정도 나오게 됩니다. 그러면 모든 사람들이 스스로 자리를 움직여서 불편한 감정이 없어지도록 구조 조정을 시작합니다. 외로웠던 사람들은 다가오기도 하고 부담스러웠던 사람은 떨어져서 거리를 만들기도 합니다. 그 안에서 많은 움직임이 만들어집니다. 한 사람이 움직여 조정을 하는 게 아니라 다수의 사람이 움직여 조정을 하는 것이라 쉽게 이루어지지는 않습니다. 다가갔는데 상대방은 부담스러워 뒤로 물러설 수도 있습니다. 동시에 이루어지는 움직임이기 때문에 각자 서로가 어떤 욕구를 가지고 있는 지를 한눈에 볼 수 있습니다. 이렇게 해서 움직임이 잦아들어 새로운 구조가 만들어지면 한 사람, 한 사람에게 물어봅니다.

"새로운 구조 속에서 지금 느낌이 어떠세요?"

이렇게 물어보면 '좋다' '싫다' '편하지 않다' 등의 다양한 감정들을 말합니다. 두 번째 단계에서 스스로 좋은 구조를 찾아내는 가족은 이미 능력과 자원이 있는 경우입니다. 조금만 신경을 쓰면 스스로 좋은 가족을 만들어낼 수 있는 힘을 가지고 있는 것이죠. 그러면 그 구조가 유지될 수 있도록 실천 사항을 이야기합니다.

"이 구조가 유지될 수 있도록 각자 할 수 있는 구체적 인 방법들은 무엇이 있을까요?"

이렇게 질문하면서 다음 단계로 넘어갑니다. 그렇지만 가족 세우기까지 진행된 대다수의 가족들은 스스로의 힘으로 좋은 구조를 만들어낼 힘이 약합니다. 겉으로 보기에는 잘 찾아내는 것 같지만 묘하게도 왠지 모르게 갑갑하거나 답답함이 느껴짐니다. 그럼 이 가족은 더 깊게 들어가야 합니다. 숨겨진 트라우마가 있는 것이죠. 그럼 여기서 2단계를 마무리합니다.

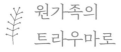

원가족의 트라우마로

좋은 구조를 스스로 만들지 못하는 가족은 3단계가 진행됩니다. 현재 가족보다 더 깊숙하게 원가족 안으로 들어가는 것입니다.

이제 윗세대로 거슬러, 엄마, 아빠의 가족까지 각자 살펴봅니다. 이때 엄마를 먼저 할 것인가, 아빠를 먼저 할 것인가는 좀 더 심각한 트라우마를 갖고 있는 쪽을 먼저 시작합니다. 가족 구성원 역할은 역시 치료자와 보조치료자가 대신합니다.

엄마가 성장기에 느꼈던 구조를 세워봅니다. 그럼 성장기에 느꼈던 감정이 쑥 올라옵니다. "옛날 일인데요. 다 지난 이야기예요" 하면서도 이 구조 속에 세워져 있으면 그때의 감정이 올라와 자연스럽게 이야기를 하게 됩니다. 그럼 그 감정을 공감해준 뒤 그때부터 치유의 작업이 들어갑니다. 치유가 되기 전까지는 자녀와의 대화가 잘 이루어지지 않습니다. 이때 엄마 아빠의 부모들 사이의 부부 대화가 먼저 시작되어야 합니다. 이 상처가 만들어진 것은 부부의 갈등이 부모자녀와의 갈등으로까지 내려온 것입니다. 그래서 부부가 서로 이해하는 작업이 이루어져야 합니다. 부부 안에 쌓인 뿌리 깊은 원한과 갈등을 푸는 것입니다.

할아버지가 먼저 "내가 그동안 집안을 보살피지 못해서 참 힘들었지? 미안해요. 그리고 가정을 끝까지 지켜줘서 감사해요"라고 합니다. 그럼 그 이야기를 들은 할머니가 마음이 누그러져서 자신의 이야기를 합니다. "난 당신이 그때 정말 원망스럽고 미웠는데 지금이라도 알아주니 마음이 좋네요." 그 이야기를 듣고 제가 다시 물어봅니다. "마음이 어떠세요?" 그러면 할아버지가 느낀 감정을 이야기합니다. "아휴, 뭔가 마음이 더 편안해집니다" 하면서 이야기가 이루어집니다. 그렇게 이야기가 되면 그전에는 등을 돌리고 척을 지고 있던 관계가 조금 더 나란히 서로를 바라보게 되고, 부부가 서로 바라보면서 자녀까지 바라볼 수 있는 구조가 됩니다.

✿ 이제 자녀가
보인다

자녀는 부모가 등을 돌리고 있는 구조에서는 부모에 대한 원망을 이야기하고 싶어도 이야기할 수 없습니다. 부모인 부부가 서로를 바라보고 자녀를 바라볼 수 있게 되면 그제야 이야기를 할 수 있습니다.

> "내가 정말 너에게 신경을 못 쓴 것 같구나. 힘들었을 텐데 그 마음을 몰라주고 표현을 못해서 미안하다."

자녀가 이런 이야기를 부모에게 듣게 되면 처음 반응은 대부분 분노를 폭발시킵니다.

> "이제 와서 이런 이야기하면 뭘 해요. 그때나 잘해주지, 평생을 한을 안고 살아왔는데 지금 와서 뭘 어쩌라고요. 당신들이 한두 마디 한다고 해서 내 마음이 풀릴 것 같지 않아요."

이렇게 분노의 감정을 드러내는 것은 아주 건강한 표현입니다. 바로 "괜찮아요. 됐어요" 하는 것은 아직도 방어 심리가 작용하는 것입니다. 그럼 그런 표현들에 대해서 격려합니다.

> "정말 잘하고 있어요. 이제야 당신이 부모님을 믿기 때문에 솔직한 당신의 마음을 표현할 수 있는 것이에요. 정말 잘하고 있고 조금 더 표현해도 좋아요."

그렇게 격려해주고 감정을 표현할 때마다 부모가 "그랬구나. 지금이라도 이야기해줘서 고맙다"라고 마음을 받아줍니다. 그렇게 "하고 싶은 이야기를 다 하렴" 하면서 독려해주면서 이야기를 주고받게 됩니다. 한동안 그렇게 감정을 퍼붓고 나면 잠 잠해집니다. 이게 존중이고 치료입니다. 그동안 표현하고 싶었던 것, 원망했던 것을 다 표현합니다.

그런데 표현하지 않고 그저 부모님을 이해한다고 하는 것은 부모님을 아직 믿지 못하는 것입니다. '이야기한다고 해서 들 어주지도 않을 거잖아. 이해도 못할 건데 내가 뭐 하러 이야기를 해' 하는 마음이 작용합니다. '내가 덮으면 되지' 하고 말입니다.

한껏 원망을 퍼붓고 나면 부모가 보입니다. 이때가 되면 그제서야 부모가 하는 "미안하다. 너를 이해해. 이제 잘 될 거야"

라는 말이 힘이 되고 진심으로 와닿습니다. 그래서 분노를 먼저 해결해야 합니다. 내 이야기를 다 들어준 뒤 그 이야기를 하면 그다음에는 얼굴에 혈색이 돌고 감정이 솟아납니다. 그리고 편안한 표정을 짓게 됩니다 이렇게 원가족의 트라우마에서 벗어나는 일련의 과정이 이루어집니다.

상처가 치유되니 보이는 것들

조부모에게 있는 원가족의 트라우마가 너무 강하면 그 또한 잘 해결이 나지 않습니다. 첫 번째 부부 대화를 시도해도 도저히 이야기가 나오지 않습니다. "아내한테 미안하지 않아요" 하고 대화를 종료시켜버립니다. 그런 사람은 더 깊게 들어가보면 너무 큰 트라우마가 있습니다. 자신의 부모에게 극심한 고통을 당했거나 전쟁 고아가 되었거나 이산가족으로 힘겹게 살았거나 상처가 너무 심해서 남을 돌볼 여유가 없는 사람들입니다. 그럴 때는 심리적 자원이 더 있는 사람이 먼저 사과를 시작할 수 있습니다.

대화가 이루어지지 않을 경우에는 치료자가 개입해서 약식

나의 다정하고 무례한 엄마

으로 진행합니다. 어깨에 손을 얹고 이 사람의 가계도를 토대로 부모가 할 수 있는 이야기를 대신 해줍니다.

"너가 정말 우리한테 소중한 아들이었는데 전쟁이란 역사적 비극으로 너 혼자 남게 되었구나. 우리가 일찍 너를 두고 떠나서 정말 미안해. 험한 세상을 엄마 아빠도 없이 살아가야 했을 때 얼마나 외롭고 힘들었니. 정말 마음이 아프구나."

그러면 마음이 슬슬 풀리면서 "정말 힘들었어요" "외로웠어요" "화가 났어요" 등의 감정을 서서히 꺼내기 시작합니다. 마음이 누그러지면 이제 아내가 보입니다. 아내가 이 감정을 좀처럼 받아줄 수 없으면 이 아내 역시 원가족 안에서 쉽게 해결할 수 없는 트라우마가 있는 것입니다. 역시 여기서도 약식으로 치료자가 어깨에 손을 얹고 대신 부모의 말을 해줍니다.

"그렇게 하는 게 아니었는데 시절이 너무 어려워서, 한 입이라도 줄이려고 너를 그 어린 나이에 남의 집에 보내고 온갖 설움을 다 겪게 해서 미안하다. 얼마나 엄마 아빠가 그리웠니. 그런 마음을 이해해주지 못하고 받아주지 못해서 정말 미안해."

이렇게 부모와의 소통이 이루어지면 이제 남편이 하는 이야기가 들립니다. 이 원리는 부부가 부모와의 대화를 통해 자존감이 올라갔기 때문입니다. 이제야 세상이 주는 자극이 감지됩니다. 그전에는 자기 상처에만 둘러싸여 다른 것이 보이지 않았던 것입니다.

엄마의 트라우마가 해결되면 남편의 트라우마를 해결하는 작업을 합니다. 이 과정이 다 끝나면 모든 과정을 지켜본 가족들의 표정 자체가 달라져 있습니다. 그러면 현재의 가족을 다 나오게 해서 2단계의 작업을 다시 시작합니다.

"이제 자유를 드릴 테니 본인들이 원하는 가족의 구조를 만들어보세요."

처음에는 만들지 못했던 좋은 구조를 만들어냅니다. 옆으로 다가와서 당당하게 자기 목소리를 냅니다. "당신이 외도할 때마다 너무 비참했어요. 정말 너무 원망스럽고 화가 났어요." 그러면 이전에는 다짜고짜 "내가 언제 그랬어? 당신이 날 무시하니까 밖으로 돈 거지" 하면서 화를 내고 방어 기제를 내보이던

나의 다정하고 무례한 엄마

남편도 트라우마 작업이 끝난 후에는 "정말 미안해. 이제 보니 정말 후회되는 삶이네. 나로 인해 당신과 아이들이 얼마나 힘들었을지 정말 미안해" 이런 이야기를 하게 됩니다. 이렇게 가족의 새로운 구조를 만들어갑니다.

새로 만들어진 구조에서는 부모가 훨씬 가깝고 편안하게 거리를 유지하면서 바라보고 있고, 자녀들이 엄마 아빠를 따로 바라보는 것이 아니라 한 방향으로 부모를 동시에 바라보는 구조가 됩니다. 그러면 이를 지켜보는 아이들의 얼굴에 화색이 돕니다. '아, 이제 엄마 아빠 걱정은 안 해도 되겠구나. 난 내 삶만 신경 쓰고 잘 살면 되겠구나' 싶습니다. 부모는 아이들의 밝고 당당한 모습을 마주하고 좋아합니다. 가족 모두 홀가분하게 자신의 삶으로 나아갈 수 있다는 희망을 품게 되는 것이죠.

 ## 우리가 만든 기적을 잊지 않겠어요

가족 세우기의 마지막 단계는 이 좋은 구조가 유지되기 위한 실천 방법을 찾아내는 것입니다. 가족 세우기는 치료자의 보호와 지지 속에서 가족 구성원들이 미래를 위한 성장과 발전을 모색하면서 더 큰 의미를 가지게 됩니다.

"이 구조 정말 좋네요. 이 구조가 유지되기 위해서 여러분들이 할 수 있는 아주 구체적인 실천 사항을 이야기해보세요. '좀 더 사랑해주고 인정해주어야겠어요' 이런 모호한 실천이 아니라 구체적인 실천 방법에 대해서 말씀해보세요. 반드시 눈에 보이고 관찰 가능한 실천 사항이어야 합니다."

그러면 다양한 해결 과제들이 나오게 됩니다.

"저녁에는 꼭 맛있는 음식을 만들어주겠어요."
"퇴근 후 돌아와서 아이들을 만나면 학교생활에 대해서 꼭 물어보겠어요."
"남편이 회사에 가 있는 동안 힘이 나는 문자를 꼭 한 번씩 보내주겠어요."
"회사에서 퇴근해서 돌아올 때는 꼭 큰소리로 다녀왔다고 눈을 마주치며 인사를 하겠어요."

이런 이야기를 본인들이 정해서 실천하도록 이야기하고, 한

나의 다정하고 무례한 엄마

주 동안 잘 실천했는지를 물어봅니다. 이렇게 가족 세우기는 가족의 구조를 이해한 뒤, 새로운 구조 조정을 통해서 각자의 역할을 잘 해나갈 수 있도록 도와주는 작업입니다.

3시간의 가족 세우기는 20회기 이상의 상담 결과에 버금갈 만큼 놀라운 변화를 이끌어냅니다. 좋은 이혼, 부부의 재결합 등 가족 세우기의 결론이 어떻게 흐를지는 모릅니다. 한 사람의 판단이 아닌, 다양한 사람이 참여해서 좋은 구조를 찾아가는 다면적인 효과이기 때문에 결론이 정해진 것은 아닙니다. 하지만 이것은 쉽게 흔들리지 않는 튼튼한 심리 구조를 만들어 내면서 극적이면서도 장기적인 효과를 가져오게 됩니다. 가족 세우기를 특별히 소개한 것은 이 구조가 가족치료의 방향성과 체계를 압축적으로 보여주기 때문입니다.

저는 가족 세우기를 진행하면서 수많은 기적을 보아왔습니다. 가족 안에 흐르는 놀라운 생명력과 힘을 눈앞에서 보면서 평생에 걸쳐 제가 가야 할 길을 정했을 정도입니다. 그리고 여전히 저는 그 힘을 체험합니다.

견고하게 가로막혀 있던 가족의 구조가 눈앞에서 변화하는 과정을 함께하면서 눈물을 흠뻑 쏟은 한 여성이 저에게 다가왔습니다.

"저는 오늘을 평생 잊지 못할 것 같아요. 엄마에 대한 미움만 가득했는데 제가 생각한 것이 다가 아니었어요. 절대 변하지 않을 거라고 생각했는데 그 마음을 보고 나니 저는 무엇이든 할 용기가 생겨요. 다른 세상처럼 느껴집니다."

세상은 변하지 않았지만 가족의 마음을 읽고 변화의 가능성을 본 것만으로도 내 안에 거대한 지각 변동이 일어납니다. 그것은 한 사람, 한 사람에게는 기적 같은 일들입니다. 그 과정은 우리 자신에게 해주는 격려의 메시지이기도 하고, 앞으로 살아갈 날들을 위한 힘찬 에너지이기도 합니다. 그리고 저는 그 힘을 체험하며 이렇게 말합니다.

"오늘도 우리는 또 하나의 기적을 보았습니다."

　나의 다정하고 무례한 엄마

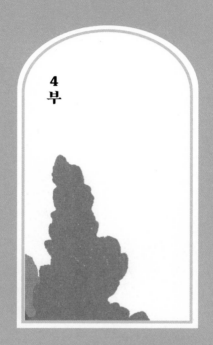

4
부

엄마와 나,
달라진 우리의 시간

상담 힐링,
삶을 치유하는
긍정의 시선으로

🌱 마음 이해하기의
다음 단계

　상담에는 두 가지 접근이 있습니다. 첫째는 설명적 접근입니다. 이것은 내 문제를 가지고 이야기하면서 문제를 인지하고 직면하는 과정을 거칩니다. 그런 과정을 통해 자신의 마음과 상황을 이해하면서 자기 치유를 하게 됩니다.

　또 하나는 실천적인 접근입니다. 실제로 행동과 관계를 변화시키는 것입니다. 이것은 삶의 변화를 구체적으로 일어나게 만듭니다. 그런데 실천적인 접근의 특징은 구체적으로 변화가 눈에 보이지만 피상적일 수 있습니다. 깊이 있게 내면 안으로 들어가 이해와 마음의 위로 없이 행동 수정의 측면으로 나타나기 때문에 그렇습니다. 예를 들어 흔히들 보는 유아 프로그램에서 아이에게 어떤 자극을 주면 이렇게 달라진다고 그 변화 과정을 관찰하는데, 장기적인 효과를 보기 어렵습니다. 반면 설명적인 접근은 즉각적인 변화는 없지만 지속적이고 장기적인 변화의 효과가 있습니다. 그래서 설명적인 접근과 실천적인 접근의 조화가 필요합니다.

심리적인 치료를 통해서 내 상처가 어떻게 대물림되었는가를 이해하고 치유를 함으로써 설명적인 접근이 이루어집니다. 그런 다음 실질적인 변화가 이루어지도록 실천적인 접근을 하는 것입니다. 그렇다면 이런 통합적인 접근은 어떻게 이루어지는지 살펴보겠습니다.

"당신이 잔소리하니 내가 늦게 들어오는 거야."
"무슨 소리야. 당신이 늦게 들어오니 내가 잔소리하는 거잖아."

모두 다 자기의 행동을 정당화합니다. 문제의 원인은 상대방에게 있다고 서로 목소리를 높이고 있습니다. 하지만 설명적인 접근을 하면 상황을 이해하게 되고 각자 가진 아집이 수그러듭니다.

'당신도 그런 마음이었구나. 당신이 그래서 그랬구나. 당신도 고통스러웠겠다. 당신이 고집을 부리고 나만 옳다고 했는데 당신은 인정 욕구에 시달려서 괴로웠구나. 당신이 화가 났나 보다.'

이렇게 서로를 이해합니다. 그러면 80퍼센트가 이루어진 것입니다. 그런 다음 어떤 실천적인 방법으로 변화를 지속시킬지를 고민합니다.

가족 세우기를 예로 들어보겠습니다. 가족의 좋은 구조를 찾게 되면 설명적인 접근이 이루어진 것입니다. 이제 실천적인 접근을 진행합니다. 그럼 이 구조가 유지될 수 있는 방법을 찾아보는 것입니다.

"일주일 동안 어떤 행동을 하시겠어요?"

자녀들이 나란히 부모를 바라보고 있는 상태에서 이제 무슨 행동을 할지를 질문하면 소박하지만 실질적인 변화를 이끌 수 있는 정말 좋은 방법들이 나옵니다. '저녁에는 따뜻한 밥을 먹겠어요. 남편이 돌아오면 환하게 웃어주겠어요' 등의 일상생활에서 실천할 수 있는 긍정적인 방법들이 나옵니다. 또 이것이

나의 다정하고 무례한 엄마

장기적으로 유지될 수 있는 다양한 방법을 모색해봅니다.

설명적인 접근과 실천적인 접근을 혼합하면서 변화의 길을 터주게 되는데 둘 다 변화의 의지가 꼭 필요합니다. 상담하면서 겪는 가장 큰 어려움은 끝까지 내담자의 마음이 열리지 않을 때입니다. 많은 노력을 기울였지만 갈등 상황이 증폭된 채, 상담을 중단하게 되면 저로서도 마음이 매우 무겁습니다. 사람에 따라서 변화를 받아들이는 태도는 다릅니다. 대부분의 사람들에게는 상처가 있습니다. 남들 보기에 아무리 인생이 순탄해 보인다 한들 가까이 가서 보면 크고 작은 생채기는 누구나 가지고 있습니다. 제가 주는 도움을 바로 흡수해서 변화하는 사람도 있고, 불신과 불안이 커서 저를 믿지 못하고 저의 말들을 모두 반사시켜버리는 사람도 있습니다.

제가 하는 말들에 "선생님, 그건 안 될 거예요" "제 문제인데 제가 그걸 모르겠어요? 아니에요. 안 돼요"라는 태도로 대응하면 저 역시 어려운 마음이 듭니다. 쉽게 해결되는 문제는 아니지만 변화를 위해서는 유연하게 힘을 빼는 노력이 필요합니다. 한 가지 상황에 매몰되다 보면 자신도 잘 모를 수 있습니다. 방어를 걷어내고 상대방의 손을 맞잡을 수 있는 열린 마음이 필요한 것이죠.

상황을 바꾸는
긍정적인 의미 전환법

대학 때 어머니가 제게 해주신 인상적인 말이 있었습니다. 의욕적으로 대학교 방송국에서 일을 하게 되었는데 막상 하고 보니, 넘쳐나는 일 때문에 갈피를 못 잡고 방황하고 있을 때였습니다. 이 모습을 보고 실망하지 않으실까 걱정되어 말도 못 하고 끙끙대며 속앓이를 했을 때 제게 다가와서 이렇게 말씀하셨습니다.

> "너가 그 일을 맡게 되었으면 그건 너의 십자가야. 십자가니까 너가 신나게 지고 가야 돼. 지고 갈 만한 하니까 너에게 주어진 거야."

그 말씀에 주어진 일이 더 이상 버겁게 느껴지지 않았습니다. 말씀하신 십자가는 희생과 부담의 의미가 아니라 능력과 가치의 의미로 뒤바뀌어 저를 든든하게 채워주었습니다.

치료적인 개입에서 중점을 두는 것은 상황 자체에 긍정적인 의미를 부여하는 것입니다. "아내가 무기력하고 우울해요" 하면 "활동적인 방법을 통해 기분을 전환해야 되겠네요"가 아닌,

"휴식이 필요한 것 같아요. 자신을 위해 무언가를 찾고 싶은 시간인가 봅니다"라고 말해줍니다. 이렇게 의미를 부여하면 남편도 마음이 편안해집니다. 내가 당장 무엇을 해줘야 되는 게 아니라 아내를 편하게 쉬도록 해줘야겠다는 마음이 생깁니다. 또 아내도 우울한 순간에 스트레스를 받지 않고 이 시간은 내가 쉬면 되겠다고 생각합니다.

개인들의 특성에 대해서도 마찬가지입니다. "남편이 산만해요. 너무 정신없어요" 하면 여기에 긍정적인 의미를 부여합니다. "당신의 남편은 활기 차고 행동력이 있고 생기를 부여하는 에너지가 있네요" 하고 의미를 전환시킵니다. 변화하기 위해서는 기본적으로 자존감이 올라와 있어야 됩니다. 말만 바꾸면 오래가지 않습니다. 프레임을 바꿔서 의미를 전환해야 합니다.

너무 예민해서 무슨 이야기를 해도 톡톡 받아치는 내담자가 있었습니다. 상담자로서 말하기가 어려울 정도로 대화가 힘들었습니다. 그런데 제가 이렇게 말을 던졌습니다.

"가만 보니 당신은 상황 속에서 문제점을 재치 있게 잘 파악하는 능력이 있네요."

그 말 한마디에 태도가 달라집니다.

"그래요. 제 본마음은 그게 아니에요. 제가 핵심을 잡으려다 보니 제가 하는 말이 남들이 느끼기에는 좀 불편할 수도 있을 것 같아요."

이렇게 누그러지면서 상호작용이 달라지게 되었습니다. 그래서 의미를 조금씩 바꿔서 상대방의 욕구와 감정에 맞춰서 이야기를 건네는 것이 필요합니다.

이를 테면 가부장적인 아버지는 책임감이 많은 사람으로, 잔소리가 많은 엄마는 가족을 사랑하고 신경 쓰는 어머니로, 반항하는 아이는 온 시선이 자신에게 쏠리게끔 해서 이 가족이 가진 위험 요소인 부모의 이혼을 보호하는 아이로 의미를 부여합니다.

긍정적인 이야기를 듣게 되면 자존감이 올라갑니다. 자존감이 올라가면 누구라도 여유 있는 행동이 나옵니다. 자존감을 높여주는 말을 건네면 이런 반응이 돌아옵니다.

"그래요, 내 마음은 안 그래요. 자꾸 내 말을 안 들어주니 소리를 친 거예요. 제가 진짜 원하는 것은 가족이 화목한 거예요."

나의 다정하고 무례한 엄마

방어 기제가 날아가면 부정적인 이야기가 없어지고 긍정적인 이야기가 나오는 것입니다.

어떤 사람이 늘 부정적으로 이야기를 합니다. 비가 올까 봐 걱정, 시험 못 볼까 봐 걱정을 합니다. 그런 사람에게 "부정적인 이야기 그만하고 긍정적으로 이야기 좀 해" 이렇게 말하면 그 사람은 결코 달라지지 않습니다. 이런 상황에서는 그 사람의 부정성에 대해 긍정적인 의미를 부여하는 대화를 시도해보도록 합니다.

"그렇게 걱정하면서 부정적인 위험 요소를 대비하려는 거군요. 조심스러운 당신의 진지함이 보여요."

그러면서 부정적인 이야기는 빼고 조심스러움, 진지함에 대해서 집중적으로 이야기를 하면서 프레임을 전환시킵니다. 문제를 조금만 바꾸었는데도 상황이 바뀌고, 언어만 바꾸어도 문제가 자연사합니다. 이렇게 의미를 전환시키면서 상황을 바꾸는 것이죠.

우리의 의식을 바꾼다

언어를 바꾸어서 상황을 개선하려고 해도 문제 해결이 어려울 때가 있습니다. 여전히 잔소리가 이어지고, 술을 안 먹었으면 좋겠는데 달라지지 않으면 다른 방법으로 변화시킬 수 있는 아이디어가 있어야 합니다.

> "이번에는 술을 일주일에 몇 번 안 마시는지, 술을 안 마시는 것에 집중해보세요."

술을 일주일에 세 번 마셨으면 일주일에 네 번은 안 마셨으니 나머지 4일은 무엇을 했는지 묻습니다. 그렇게 안 한 것에 집중하면서 우리의 의식을 살짝 비틀어 놓습니다.

또 '전혀 다른 것 전개하기' 기법도 있습니다. 강도가 들어오면 예상되는 그림이 있습니다. "손들어, 다 엎드려, 돈 담아와" 이렇게 하면 우리의 예상대로 사람들이 움직입니다. 그런데 한 사람이 완전히 다른 행동을 하면 예상되는 그림이 아니기 때문에 그 순간 뇌가 일시정지 상태가 됩니다. 다음 행동으로 생각이 연결되지 않는 것이죠.

관계에도 이 기법을 적용해보는 것입니다. 부부 상호 간에 이어지는 부정적인 행동 패턴이 있습니다. 저마다 싸움으로 치닫게 되는 행동들이 있는 것이죠. 가령, 남편이 퇴근해서 들어옵니다. 남편이 집에 들어오는 순간 집안이 어질러진 것을 보게 되었습니다. 그 모습을 본 남편이 이렇게 말합니다. "집이 왜 이래? 이게 뭐하는 행동이야?" 했을 때 아내도 즉각적으로 반응합니다. "나는 집에서 놀기만 했는 줄 알아?" 이렇게 순식간에 싸움이 되어버립니다. 그런데 전혀 다른 것을 해보는 것입니다.

남편이 화를 내면 늘 하던 대로 바로 맞받아치지 말고 "맞아, 내가 생각해도 집이 너무 지저분하네" 이렇게 예상치 못한 반응을 보이면 상대방이 다음 행동으로 넘어가지 못합니다. 감정의 공백이 생기기 때문입니다. 그러면 싸움으로 이어지는 다음 단계로 넘어가지 않습니다. 늘 반복적으로 이어지던 행동 패턴이 비틀어지는 것입니다.

내가 싫어하는 상대방의 행동을 생각하면 순식간에 스트레스 상황으로 이어집니다. 이것을 잠재우기 위한 행동으로는 '싫어하는 것 리스트'를 만들어봅니다. 이것은 상대방이 일주일 동안 싫어하는 행동을 얼마나 하는지 리스트를 작성해보는 것입니다.

부정적인 행동들 : 양말을 아무데나 던져놓는 것, 쓰레기는 막 버리는 것
일주일 동안 벌어지는 일 : 각 행동들에 대한 예상 횟수 적기

이렇게 예상해서 칸을 만들고 실제로 상대방이 이런 행동을 했을 때 그 행동에 반응하지 않고 바로 그 리스트에 체크를 하러 갑니다.

그런데 실제로 해보면 자신의 예상보다 상대방이 그 행동을 훨씬 더 적게 하는 경우가 많습니다. 이것을 부모님과의 관계에도 적용해봅니다.

부정적인 행동들 : 전화해서 잔소리하기, 아빠에 대한 하소연, 집에 예고 없이 오는 것

이렇게 예상하고 리스트를 만들어봅니다. 그런데 이것을 실제로 해보면 눈에 보이는 변화가 있습니다. 리스트에 체크를 하느라 바로 나의 반응이 나오지 않으면 상대방의 태도 또한 변한다는 것입니다. '나도 조심해야지, 달라져야지' 이렇게 변화가 일어납니다.

우리가 접하는 이해할 수 없는 행동들은 한 사람의 단독적인 행동이기보다는 서로 간의 상호작용에서 나오는 관계 행동입니다. 자신들은 의식하지 못한 채 부정적인 상호작용을 하며 관계를 악화시킨 것입니다.

가족치료 중에 관계 통장이라는 말이 있습니다. 이것은 우리가 통장 안에 플러스 행동들을 자꾸 넣는 것입니다. 상호작용은 반드시 상호호혜의 효과가 있습니다. 내가 먼저 웃으면 상대방이 웃어주고, 커피를 타주면 상대방도 커피를 타줍니다. 눈을 흘겨서 바라보면 상대방도 눈을 흘깁니다. 내가 긍정적인 행동을 하면 긍정적인 행동이 되돌아옵니다. 하지만 부부나 부모자녀의 부정적인 행동들은 관계의 역사가 너무 깊습니다. 한번 상처 주는 행동을 하면 다시 상처를 주면서 오랫동안 관계의 악순환이 이어집니다.

"너가 나 기분 나쁘게 했잖아."
"무슨 소리야. 너가 먼저 나 기분 나쁘게 했어."

이렇게 관계의 역사가 부정적인 것으로만 뒤덮입니다. 이것이 강박 프로세스입니다. 강박 프로세스에 갇혀 있으면 스스로 풀기가 힘듭니다. 긍정적인 예상이 되지 않습니다. 내가 달라져서 상대방이 잘해주는 것이 상상이 되지 않는 것입니다. 이 프로세스에는 갈등의 원인 제공은 상대방이고 피해자는 나라는 시선이 자리하고 있습니다.

그런데 이 프로세스를 뒤집는 것입니다. 시작은 내가 할 수 있습니다. 내가 상대방의 어떤 반응을 원한다면 그 반응을 이끌어낼 수 있는 자극을 주는 것입니다.

"내가 엄마라서 하는 말이야" 하면서 엄마가 매번 듣기 싫은 잔소리를 합니다. 이것이 일상의 반복입니다. 그런데 이 악순환을 뒤집고 싶다면 내가 어떻게 하면 엄마가 달라질 수 있는가에 집중하고 내가 먼저 시작의 물꼬를 틉니다. 관계에서는 나를 높여주는 것 이상으로 상대방을 높여주는 것이 중요합니다.

듣기 싫은 엄마의 잔소리를 생각만 해도 진절머리 나고 속이 뒤집어지지만 관심의 영역을 다른 곳으로 돌려봅니다. 엄마가 이 이야기를 통해 해소하려고 하는 불안이나 엄마가 원하는 욕구가 있을 것입니다. 이것을 전환시킬 수 있는 엄마의 좋은 행동과 태도를 끄집어내, 선순환에 초점을 두고 이것을 계속 자극시킵니다. 이런 상호작용으로 서로의 관계가 개선될 수 있습니다.

그런데 긍정적인 행동을 선뜻 하지 못하는 것은 내가 못하

나의 다정하고 무례한 엄마

는 것이 아니라 상대방에게 예상되는 부정적인 반응이 자동적으로 떠오르기 때문입니다. '내가 잘해주려는데 외면하면 어떡할까' '면박당하면 어쩌지' 하며 부정적인 것이 떠오릅니다. 내가 하려는 긍정적인 행동이 움츠러들어 나오지를 않습니다. 그러면 그것을 편안하게 하기 위한 과정이 필요합니다. 상대방의 반응을 생각하지 않고 '몰래 잘해주기'처럼 게임 같은 방법으로 시도하기도 합니다. 그러면 상대방은 '날 위해서 잘해주는 행동 알아맞히기' 작업을 합니다. '나에게 좋은 행동은 뭘 하고 있을까'를 생각하며 좀 더 세심하게 상대방을 관찰하게 됩니다. 이렇게 두려움 없이 긍정적인 행동을 늘려갈 수 있습니다.

🌱 내 곁에 있는 건강한 자존감

　우리의 일상에서 긍정 프로세스를 내면화하면 많은 것이 달라집니다.

　어렸을 때부터 희생만을 강요한 엄마로 인해 상담을 하게 된 내담자가 있었습니다. 유독 큰딸에게만 희생하기를 바라고 나머지 형제자매들에게는 너그러운 엄마였습니다. 아무리 잘해도 인정해주지 않고 나를 소외시키는 엄마를 보며 이 여성은 '내가 친자식이 맞을까? 나는 주워온 자식은 아닐까?'라는 생각을 하게 되었습니다.

그런 생각이 드니 도무지 그 생각에서 헤어날 수가 없었습니다. 의심할 만한 일들은 너무나 많았습니다. 부정적인 것들만 눈에 들어오고 자신이 주워온 자식이란 확신은 굳어졌습니다. 그런데 너무나 궁금하지만 차마 엄마에게 물을 수는 없었습니다. 정말 데려온 딸이라면 그 상처를 감당할 자신이 없었기 때문입니다.

상처가 깊었는지 꽤 오랫동안 저에게 자신의 혼란스러움을 털어놓았습니다. 사실 여부는 제가 확인할 길이 없었지만 저는 그보다 이 여성이 가지고 있는 힘에 주목했습니다. 제대로 된 기반도 없이, 부지런함과 탁월한 안목으로 자수성가한 이 여성의 이야기가 놀라웠기 때문입니다. 압박이 있더라도 누구나 이렇게 경제적으로 성공해서 부모가 바라는 요구를 들어주지는 못합니다. 저는 그 능력에 집중해서 이야기를 했습니다.

"어머니가 정말 무리한 요구를 하셨어요. 그런데 의도치는 않았지만 당신에게는 그로 인해 자신의 능력을 개발하고 이를 적극적으로 실행하는 힘이 생겼어요.

집안을 다 일으켰잖아요. 정말 대단한 능력이라고 생각해요. 무엇보다 현재 가정인 남편과 아이들은 당신을 무척 존경하고요."

저는 이 여성이 가진 자신의 힘에 집중하도록 대화를 이끌었습니다.

"당신은 남이 하지 못한 것을 해낸 사람이에요. 부정적인 것에만 매달리지 말고 당신의 능력에 집중해보았으면 합니다. 스스로 원하는 것이 있을 거예요. 자신이 정말 하고 싶은 것이 있을까요?"
"제가 상담을 받아보니 저에게 상담이 큰 도움이 되었고 상담에 대해 궁금해졌어요. 그래서 이것을 깊이 공부해보고 싶어요."

그녀는 앞으로 적극적으로 자신의 삶을 설계하기로 했고 1년간의 상담이 그렇게 종료되었습니다. 그런데 상담이 끝나고 몇 년이 지나 우연히 그녀를 다시 만나게 되었는데 그녀의 변화가 놀라웠습니다. 그녀는 기존에 하던 일에 상담에 대한 이해를 접목해 자기 분야에서 전문성과 커뮤니케이션이 결합된 차별성으로 독보적인 위치를 갖고 있었습니다. 굉장히 자신감 있고 행복한 얼굴이었습니다. 그리고 제게 인상 깊은 말을 했습니다.

"선생님, 그땐 부정적인 것만 생각하니 오로지 그 생각밖에 안 들더라고요. 그래서 너무 괴로웠어요. 그런데 참 이상하죠. 제가 갖고 있는 좋은 점, 좋은 상황에 시선을 돌리니 정말 많은 것이 바뀌었어요. 어머니가 옛날부터 시장 상황을 읽는 안목이 남달랐는데 그런 장점을 제가 갖고 있다는 것을 알게 되었어요. 자식들 중에 유독 저만 그렇더라고요. 친딸이 맞을까 의심했었는데 왜 그런 걸 고민했었나 싶네요. 지금의 전 제가 좋고 제 삶이 만족스럽습니다."

생각의 방향이 어디로 가고 있는지는 우리 삶의 만족도에서 필수불가결한 사항입니다. 삶의 시선을 긍정형으로 놓으면 우리가 가진 능력을 찬찬히 살펴볼 수 있는 여유가 생겨납니다. 나는 그대로이나 많은 것이 변하게 되는 것이죠.

나의 다정하고 무례한 엄마

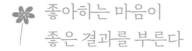

좋아하는 마음이
좋은 결과를 부른다

남편의 사업 실패로 안온한 삶을 살다가 한순간에 위기를 맞은 한 여성이 있었습니다. 승승장구하던 사업은 갑자기 찾아온 자금 위기를 극복하지 못하고 부도를 맞고 말았습니다. 여러 사정들로 남편과도 헤어지게 되었고, 나빠질 상황들만 눈에 보였습니다. 하지만 마음을 수습할 겨를도 없이, 아직 한참 자라는 아이들을 키우기 위해 생활 전선에 뛰어들어 경제적인 문제를 해결해야 했습니다.

그러나 그녀는 자신이 무슨 일을 잘할 수 있을지 자신 없는 모습을 보였습니다. 상담 과정에도 그런 고민은 계속되었습니다. 그러던 중, 과거 기억에서 어렸을 때 일찍 돌아가신, 엄마와 함께 떡을 만들며 행복해했던 경험을 발견했습니다. 집안 행사처럼 해오던 일이었는데 떡을 만드는 동안 떡을 빚는 손의 감각과 엄마의 애정 어린 손길이 느껴져, 마치 엄마가 바로 옆에서 자신을 지켜주는 것 같다고 했습니다.

"그 시간이 참 행복했던 것 같아요. 엄마가 일찍 돌아가셔서 자라면서 많이 그리웠는데 그때 손끝에 닿은 따뜻한 감촉만은 생생해요."

평소 음식을 만드는 재능이 있었던 그녀는 고민 끝에 자신이 하고 싶은 일을 찾은 것 같다고 했습니다. 목표가 생기자 부지런히 아르바이트를 해서 최소한의 창업 자본금을 마련했고, 자신이 살던 동네에 아주 작은 떡집을 열었습니다. 인생에서 매우 혼란스러운 시기였지만 그녀는 그동안 보지 못했던 아이들의 마음을 볼 수 있었다며 열심히 해보겠노라고 했습니다. 얼마간의 시간이 흐른 후 그녀의 떡집은 입소문을 타서 차별화된 떡 케이크를 만드는 곳으로 유명해졌습니다. 그리고 저를 잊지 않고 찾아와서 이런 말을 했습니다.

"처음에는 너무 힘들었죠. 다른 일을 해보라며 주변에서 말리기도 했어요. 온종일 작은 공간에서 일하다보니 몸도 아프고요. 그런데 어느 날 떡 케이크를 들고 가는 손님을 보고 이런 생각이 들더라고요. 나는 특별한 경험을 선물하는 사람이라고요. 좋은 날 축하하기 위해 떡 케이크를 주문하러 오잖아요. 그러니 내가 정말 특별한 일을 하는 사람이란 확신이 들었어요. 그래서 그 사람만의 사연을 담은 디자인을 생각하고 떡 케이

나의 다정하고 무례한 엄마

크를 만들었어요. 그러다 보니, 차츰차츰 소문이 나서 지금까지 왔네요. 아이들이 그러더라고요. 엄마는 자기 일을 열심히 하는 멋진 사람이라고요."

한참 힘들었을 때, 입버릇처럼 더도 덜도 말고 아이들과 편히 쉴 수 있는 방 두 칸짜리 내 집이 있었으면 좋겠다고 했는데 그 소원도 이루어졌다고 했습니다. 무엇보다 그동안 놓치고 있었던 일상의 행복이 눈에 들어온다고 했습니다.

우리가 선택하는 인생의 결정들은 항상 고민과 불안이 따라옵니다. 회사를 계속 다닐지, 새로운 일을 시작할지, 헤어짐을 선택할지, 낯선 곳에 정착할지 등의 문제는 쉽게 결정하기 어려운 일들입니다. 그러나 결정 자체보다 더 중요한 것은 결정을 한 후에 그 결정을 얼마나 좋아하는가에 있습니다. 이미 일어났고, 자신이 선택한 일에 대해서는 그것을 믿고 따르면 옳은 결정이 되고 그렇지 않으면 잘못된 결정이 되는 것입니다. 그래야 예기치 않은 부정적인 변수들이 작용할 때 이를 유연하게 받아들이고 위기를 넘길 수 있습니다. 마음의 작용이 결과를 만들어내는 것이죠.

내 인생도, 내가 맺는 관계도 마찬가지입니다. 내가 그 선택을 좋아해주는 만큼 결과 또한 의미 있게 나타납니다. 자녀는 부모가 좋아해주는 만큼 사랑스럽고 소중한 존재가 됩니다. 남편의 여러 모습 중에 좋은 모습이 있다면 그것에 가치를 부여하는 만큼 귀한 존재가 됩니다. 엄마가 내게 보여준 사랑의 기억을 따라 그 경험에 흠뻑 빠지게 되면 관계도 조금씩 변합니다.

이제는 알고 있습니다. 어린 시절 가족 안에서의 기억을 떠올리니 모순된 관계 패턴을 반복하고 있었구나, 스스로 인식하게 되면 나를 괴롭히는 외로움과 불안을 잠재울 수 있습니다. 물론 오랜 시간 쌓인 관계와 감정이라 한 번에 해결할 수는 없습니다. 하지만 지난날의 상처로 더 이상 현재의 내 감정을 왜곡시키지 않을 수 있습니다. 그것을 통해 스스로 그 상황을 움직일 수 있고 앞으로의 삶과 새로운 선택에 변화를 가져올 수 있습니다.

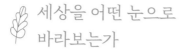

세상을 어떤 눈으로 바라보는가

제가 만나는 내담자들은 모두 처음 만나는 낯선 사람들입니다. 저는 그 사람을 제대로 겪어볼 시간도 없이 그들의 문제와 고통, 그리고 갈등에 관한 이야기를 듣게 됩니다. 자칫 이런 이야기에 집중하다 보면 그 사람의 결핍이나 문제만 보이게 됩니다. 그런데 그러다 보면 또 다른 이면의 그, '사람'을 만나지 못하게 됩니다.

상담이란 사람을 만나는 것입니다. 하지만 상담은 제한된 요소들도 놓여 있습니다. 시간도 한정적, 장소도 한정되어 있습니다. 장소와 맥락이 정해져 있으니 상담자와 내담자의 상호작용은 처음부터 정해져 있습니다. 그럼에도 불구하고 상담을 통해 내담자를 아주 심층적으로 파악해야 하고 더 나아가서는 그 사람이 긴 세월 동안 받은 상처를 치유하고 삶을 변화시켜야 합니다. 그러나 이럴 때 인간에 대한 중심 가치관은 사람에 대한 이해를 쉽게 합니다.

모든 인간은 조물주의 계획에 따라 절대적인 사랑을 받으며 태어납니다. 그 누구도 실수로 태어난 것도, 태어나지 말았어야 할 사람도 없습니다. 모두가 저마다의 의미를 가지고 세상에 왔고 모든 사람들이 존중받아야 할 존재입니다. 각자가 가진 고유의 색은 다를 수 있지만 그렇기 때문에 더 가치가 있습니다. 하지만 세상에 나와 살아가면서 다양한 이유들로 인간들은 상처를 주고받고 흠을 내면서 자신이 가진 고유의 결을 잃어갑니다.

인간에게는 자신의 소중함을 지키기 위한 본능적인 욕구가 있습니다. 이것을 인간의 기본 욕구라고 합니다. 페히타대학교 페터 카이저 교수는 이 욕구를 사랑과 애착, 자기 확인, 편안함의 추구와 불쾌함의 회피 욕구, 상황 파악과 조절 지향의 욕구, 이렇게 네 가지 정도로 정리하고 있습니다.

특히 네 가지 욕구 중에서 좌절된 '사랑과 애착'은 저에게 가장 많은 성찰을 준 인간의 욕구입니다. 인간이 갖는 가장 본능적이고 원초적인 욕구이자 기본적인 존엄을 지키는 욕구이기 때문입니다. 그 욕구의 뿌리를 상실한 존재들은 자신에 대한 지지, 삶 자체에 대한 신뢰를 잃어버립니다. 이 욕구가 좌절되면 몸은 성인이지만 여전히 엄마의 사랑을 찾아 헤맵니다.

우리의 긴 인생을 지지해줄 약한 뿌리로 하루하루를 간신히 버텨나가는 존재를 마주하면서 우리의 가장 기본적인 욕구를 들여다보고 지금에라도 존중해줄 절대적인 필요성을 느낍니다. 그 누구도 이 욕구가 채워지지 않으면 본연의 모습을 유

나의 다정하고 무례한 엄마

지할 수 없습니다. 욕구가 좌절되면 혼자 숨어버리거나 관계를 맺지 않거나 폭력적인 행동을 보이기도 합니다. 이 모든 행동을 방어 행동이라고 합니다. 이 방어 행동은 결국 자신을 갉아먹고 살아가면서 주변에도 악영향을 주게 됩니다.

상담을 하면서 수많은 문제들을 만납니다. 하지만 문제 행동과 문제 상황을 걷어내면 본연의 사람만이 남습니다. 단지 문제가 있다면 그들은 각자의 기본 욕구가 좌절되었고 그 욕구의 좌절이 서로를 힘들게 만들어간 것으로 이해하면 훨씬 더 희망적인 상황이 됩니다. 이런 이야기를 할 수 있는 것은 제가 이 인간관을 가지고 상담을 하면서 많은 도움을 받았기 때문입니다.

나와의 관계도 상담과 마찬가지입니다. '나를 그런 사람'으로 규정하고 한계를 지어버리면 우리는 아무것도 할 수 없습니다. 다 그럴 만한 이유가 있고 그것을 찾아가 진심 어린 이해를 구하고 구체적인 변화에 대한 의지를 가지면 문제 해결의 답은 한결 찾기 쉬워집니다.

본연의 가치를 스스로 존중하지 못하면 세상이 내린 잣대로 그 의미가 굳어집니다. 어려운 일인 것 같지만 제한된 시간과 장소에 있더라도, 달라진 시선 하나로 삶의 희망은 새롭게 재생됩니다.

저는 그래서 항상 이 말을 전하고 싶습니다.

"당신은 많은 변화를 이끌어낼 수 있고, 그럴 만한 힘을 가진 강력한 존재입니다."

내 안에 깃든 고유의 소중함을 찾고 세상 속에서 그 힘을 누리기를 바랍니다.

나의 다정하고
무례한 엄마

ⓒ 이남옥, 2020

초판 1쇄 펴낸날 2020년 6월 8일
초판 10쇄 펴낸날 2024년 3월 5일

지은이 이남옥(레지나)
펴낸이 배경란 오세은
펴낸곳 라이프앤페이지
주 소 서울시 종로구 새문안로3길 36, 1004호
전 화 02-303-2097 **팩 스** 02-303-2098
이메일 sun@lifenpage.com
인스타그램 https://instagram.com/lifenpage
홈페이지 www.lifenpage.com
출판등록 제2019-000322호(2019년 12월 11일)
디자인 ROOM 501 **표지 일러스트** 손은경

ISBN 979-11-970241-0-8 (03180)

라이프앤페이지는 독자 여러분의 소중한 원고를 기다립니다.
마음을 움직이는 글이 삶을 변화시킵니다. sun@lifenpage.com